世界哲學家叢書

休謨

李瑞全 著

1993

東大圖書公司印行

國立中央圖書館出版品預行編目資料

休謨／李瑞全著. --初版. --臺北市：
東大發行：三民總經銷，民82
面； 公分. --(世界哲學家叢書)
參考書目：面
含索引
ISBN 957-19-1486-X (精裝)
ISBN 957-19-1487-8 (平裝)

1. 休謨(Hume, David, 1711-1776)
-學識-哲學

144.47 82001871

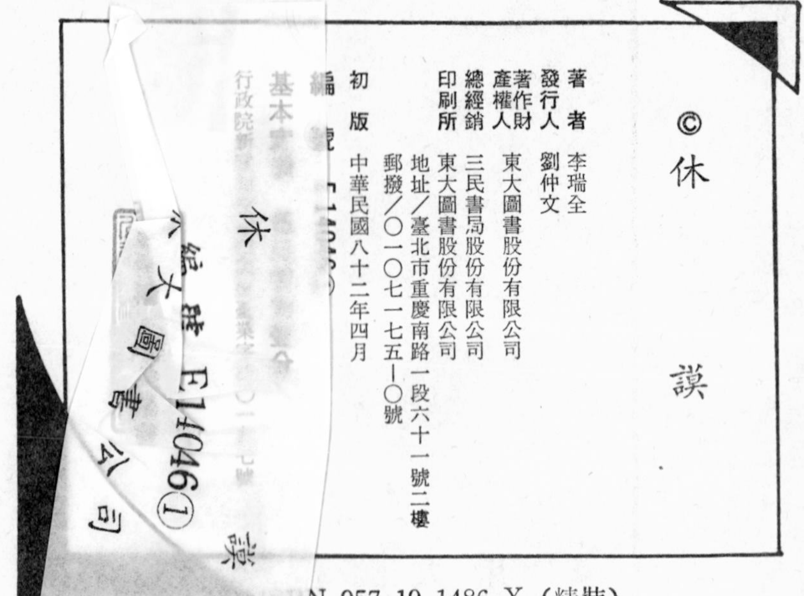
© 休 謨

著 者 李瑞全
發行人 劉仲文
著作財產權人 東大圖書股份有限公司
總經銷 三民書局股份有限公司
印刷所 東大圖書股份有限公司
地址／臺北市重慶南路一段六十一號二樓
郵撥／○一○七一七五—○號
初 版 中華民國八十二年四月
編 號 E 14046①
基本定價
行政院新聞局

編號 E14046①
東大圖書公司
休 謨

ISBN 957-19-1486-X (精裝)

「世界哲學家叢書」總序

本叢書的出版計劃原先出於三民書局董事長劉振强先生多年來的構想，曾先向政通提出，並希望我們兩人共同負責主編工作。一九八四年二月底，偉勳應邀訪問香港中文大學哲學系，三月中旬順道來臺，即與政通拜訪劉先生，在三民書局二樓辦公室商談有關叢書出版的初步計劃。我們十分贊同劉先生的構想，認為此套叢書（預計百册以上）如能順利完成，當是學術文化出版事業的一大創舉與突破，也就當場答應劉先生的誠懇邀請，共同擔任叢書主編。兩人私下也為叢書的計劃討論多次，擬定了「撰稿細則」，以求各書可循的統一規格，尤其在內容上特別要求各書必須包括：(1) 原哲學思想家的生平；(2) 時代背景與社會環境；(3) 思想傳承與改造；(4) 思想特徵及其獨創性；(5) 歷史地位；(6) 對後世的影響（包括歷代對他的評價），以及 (7) 思想的現代意義。

作為叢書主編，我們都了解到，以目前極有限的財源、人力與時間，要去完成多達三、四百册的大規模而齊全的叢書，根本是不可能的事。光就人力一點來說，少數教授學者由於個人的某些困難（如筆債太多之類），不克參加；因此我們曾對較有餘力的簽約作者，暗示過繼續邀請他們多撰一兩本書的可能性。遺憾的是，此刻在政治上整個中國仍然處於「一分為二」的艱苦狀態，加上馬列教條的種種限制，我們不可能邀請大陸學者參與撰寫工作。不過到目前為止，我們已經獲得八十位以上海內外的學者精英全力支持，包括臺灣、香港、新加坡、澳洲、美國、西德與加拿大七個地區；難得的是，更包括了日本與大韓民國好多位名流學者加入叢書作者的陣容，增加不少叢書的國際光彩。韓國的國際退溪學會也在定期月刊《退溪學界消息》鄭重推薦叢書兩次，我們藉此機會表示謝意。

原則上，本叢書應該包括古今中外所有著名的哲學思想家，但是除了財源問題之外也有人才不足的實際困難。就西方哲學來說，一大半作者的專長與興趣都集中在現代哲學部門，反映着我們在近代哲學的專門人才不太充足。再就東方哲學而言，印度哲學部門很難找到適當的專家與作者；至於貫穿整個亞洲思想文化的佛教部門，在中、韓兩國的佛教思想家方面雖有十位左右的作者參加，日本佛教與印度佛教方面却仍近乎空白。人才與作者最多的是在儒家思想家這個部門，包括中、韓、日三國的儒學發展在內，最能令人滿意。總之，我們尋找叢書作者所遭遇到的這些困難，對於我們有一學術研究的重要啓示（或不如說是警號）：我們在印度思想、日本佛教以及西方哲學方面至今仍無高度的研究成果，我們必須早日設法彌補這些方面的人才缺失，以便提高我們的學術水平。相比之下，鄰邦日本一百多年來已造就了東西方哲學幾乎每一部門的專家學者，足資借鏡，有待我們迎頭趕上。

以儒、道、佛三家為主的中國哲學，可以說是傳統中國思想與文化的本有根基，有待我們經過一番批判的繼承與創造的發展，重新提高它在世界哲學應有的地位。為了解決此一時代課題，我們實有必要重新比較中國哲學與（包括西方與日、韓、印等東方國家在內的）外國哲學的優劣長短，從中設法開闢一條合乎未來中國所需求的哲學理路。我們衷心盼望，本叢書將有助於讀者對此時代課題的深切關注與反思，且有助於中外哲學之間更進一步的交流與會通。

最後，我們應該强調，中國目前雖仍處於「一分為二」的政治局面，但是海峽兩岸的每一知識份子都應具有「文化中國」的共識共認，為了祖國傳統思想與文化的繼往開來承擔一份責任，這也是我們主編「世界哲學家叢書」的一大旨趣。

傅偉勳　韋政通

一九八六年五月四日

自　　序

休謨在西方哲學史上向來佔有一席位，雖不顯赫，但却也屬於大哲學家的行列之中，然而他所留給哲學的學生以至學者只是一個模糊的印象。大體上，稍接觸哲學的也許聽說過休謨對實體、人格同一性與因果的破壞性的分析，因而被稱為懷疑論者或不可知論者；也許知道休謨是古典經驗主義的殿軍，是洛克與巴克萊之驥尾，是古典經驗主義之終結者，正好顯示出經驗主義的理論上的死胡同；也許知道休謨的哲學曾驚醒康德的形上的迷夢，是先批判哲學的哲學家，也是備受批判的一套傳統形上學，而他的哲學並無積極的貢獻。但是，休謨哲學的具體內容並沒有多少學者能明確地表述出來。現代一些學者，尤其是英美的邏輯實證論者和分析哲學家，對休謨很尊奉，也對休謨哲學中的一些論題，如因果問題，實然與應然之區分，著力很深；而且稱前者為「休謨問題」，後者更被稱為「休謨定律」，可說對休謨之讚譽遠在一般大哲學家之上，也遠在洛克與巴克萊之上。但是，在他們的論述中仍然很難獲得休謨哲學的一些具體內容。這些論題，一方面固然顯示出休謨在哲學上的敏銳觀察與對傳統信念之嚴厲挑戰和破壞，這自是有强化休謨之懷疑主義形像的作用；嚴格來說，這些實是現代英美哲學藉休謨的課題，發揮反傳統形上學與規範哲學的取向而已。休謨哲學却闇闇如故。如果休謨的哲學只有這樣的兩三個論題，則他的洋洋數百頁的三大卷的《人性論》

則可說都是廢話。

事實上，他的《人性論》對絶大多數的哲學家確是有如廢紙。這部書從出版以來就被攻擊，但對一位哲學家來說，最要命的是一種完全基於誤解的攻擊。也許唯一值得慶幸的是，康德是從這種誤解式的攻擊所引用的休謨的論述中，而得到關鍵性的警醒，這也可見康德之識見為不可及矣。在一個意義之下，對休謨尊奉的也和誤解的人一樣，都只是片面地引用或閱讀休謨，而且都只止於他的知識論的部份。現代的讀者大抵都看了他的《人類理解研究》，但都不會嘗試去讀《人性論》這部六百多頁的鉅著。因此，這部書的命運恐怕比休謨所自嘲的更悲慘，不但在他生前鮮有讀者，更不說解人了，在他死後的二百多年間，認真閱讀而能有較全面理解的實也不多。二十世紀四十年代，肯普・史密夫之 *The philosophy of David Hume* 一書可說是二百多年來的第一個解人！自是，休謨哲學中的積極內容才較全面地為學者所發掘。但是，他的論激情和道德情感論部份仍然只被視為有哲學史之意義，只有他的知識論部份才被視為真正有現代意義的哲學論述。

為了糾正流行已久的偏面取材和誤解，也因為這是一本全面介紹休謨哲學的小書，本書的內容以《人性論》所論及的課題為主，而輔以休謨的其他的著述。但是，由於本書在構想之初，也仍是沿著流行的取向，即以他的知識論，特別是因果問題之分析為主，以展示休謨在哲學上的成就和對現代哲學的意義。這個初步構想的重心，在進一步寫作閱讀之中，却不得不一步步調整。然而，前者的影響竟也不能完全去除。因此，本書的內容仍以知識論方面的份量最多。當然，此中實有一點學術上的理由可說的。主要的原因還是由於對休謨哲學在這方面的討論遠多於其他，而且學術水平也極高，沒有理由不收進有關的研究與分析，以供現代讀者的參考。同時，《人性論》第二卷在現代哲學的取向上，也確有不十分符應之處，而較多屬心理情緒問題方面的討論，故書中只濃縮為一節，以顯示休謨哲學的完整面貌而已。但是，本書還是盡量使休謨的道德和社會政治的理論得到充足的篇幅，同時也在結構與行文中表達出休謨哲學的真正核心和整全的面貌，希望有助讀者理解及進入休謨哲學的豐富內涵。由於篇幅所限，對於休謨在宗教、歷史和較全面的經濟政論方面的觀點與貢獻，則不能在這部小書加以論述了。

由於牟宗三師之薰陶，在西哲中很早即對康德的哲學感到興趣，和進行較細緻深入的研讀，而嘗試論述成書的首先也是康德的倫理學和他的批判哲學。由康德而引發的哲學家，很自然是對他影響深遠的休謨。但是那只是一種附屬的興趣，主要是讀他的《人類理解研究》，而閱讀的理解也只泛泛。正式研習休謨哲學是到美國南伊大唸博士學位期間，那是在正式提出論文題目之前的最後的一個課程，這時才勉强算是讀了他的《人性論》一遍。但是，由於這個課研習的內容還是以《人性論》第一卷的知識論的部份為主，對於休謨哲學的全部，所能有的理解也並不多。此期間，自覺用力最多的仍是關於因果分析的部份，這部份的了解成為博士論文的基礎，也是本書的第三、四兩章的內容。其後在臺中東海大學哲學系任教，也斷續多讀了一些休謨的著作，但主要的興趣仍然是康德的哲學。其間曾應出版商之邀，先後譯了艾爾 (A. J. Ayer) 之《休謨》(*Hume*) 和 F. Copleston 之《西洋哲學史第五卷：經驗主義》(*A History of Philosophy*) 第二部份之巴克萊和休謨的哲學。其後應三民書局之邀，寫「世界哲學家叢書」之休謨哲學，時在一九八四年。接受此書約時原擬在兩年內完成，但是，由於八五年暑期後轉回香港中文大學教育學院任教，此一寫作計劃不得不中斷。而其後的兩三年間，為了應付新職所需，於休謨的工作只能斷續作些研讀與書寫。由於寫作期拉長，中間又幾經由頭重做，雖然章節目次差不多，但到後來已與原初所構想的內容大為不同了。休謨的哲學實相當繁複，《人性論》可說卷帙浩繁的一部大書，加以其表達也並不常是了暢明白的，他的同時代的人和日後的英美學者都常有詮釋上的爭議和錯解誤解之處，故多讀些又常有些不同的了解或啓發。但是書約已在，且實在拖延過久，總得在某一理解情況下完成此書，作為交代。

對於三民書局及兩位主編之邀約與寬容，在此謹致謝意，特別要感謝三民書局兩位前後任聯絡的林瑞祥和黃安州先生，他們的關注及保持聯繫的努力與耐心，是保持這書寫作的一個動力。最後，這部書的工作，實在不只是我個人所獨力完成的，如果沒有內子碧坤前之抄寫手稿，後之安排電腦編印，和在這近八年的寫作中的督促鼓勵，這部小書恐怕還要更長的日子方可望完成。

謹以此書獻給碧坤，並以誌南伊大的學習歲月。

一九九三年二月十四日凌晨於香港沙田一城

休　謨　目　次

第四章 休謨問題與科學知識之建立

第五章 外在世界與人格同一性

第六章 激情、理性與自由

第七章 道德與理性

第八章 美德、公義與政府之起源

第一章 生平、著述與經驗主義之發展

一、生平與著述❶

一七一一年四月二十六日大衞・休謨（David Hume）生於蘇格蘭愛丁堡（Edinburgh）。父親是約瑟・休謨（Joseph Home），從事律師工作；母親是凱蒂琳・佛岡納（Katherine Falconer），是一位熱誠的喀爾文主義者。兩人都是休謨祖籍地，即愛丁堡以南四十英哩之尼衞斯（Ninewells）之縉紳之後。據休謨自述，他是頗以父母均系出名門之後為榮的。他是家中的老么，有一位哥哥約翰・休謨和一位姊姊凱蒂琳・休謨。休謨是在成年後才把姓氏之 Home 依其讀音轉為 Hume。但這個家族仍保有這兩種不同的拼音方式。

在一七一三年，休謨還不足三歲時，父親逝世。母親沒有再嫁，專心培育三個小兒女成人。由於父親早死，家境不算富裕，兄長繼承了莊園，休謨和他的姊姊各只有年收入五十和三十英鎊，因此，休謨必須另謀工作以維持一合理的生活。這使得他日

---

❶ 此節主要參考艾爾（A. J. Ayer）著，李瑞全譯之《休謨》（臺北：聯經出版事業公司，1983年）第一章，及 E. C. Mossner 之 *The Life of David Hume* (Oxford: Clarendon Press, 1954)。

後不得不爲衣食而謀職或寫作，不能專注於哲學的工作。家人的安排是讓休謨走上父親的道路，成爲一律師。一七二三年，休謨還不滿十二歲時，與兄長同被送到愛丁堡大學讀書，主修文科，修讀了諸如希臘文、邏輯、形上學、自然哲學（卽今之物理學）等科目。休謨大抵是在這個時候對牛頓物理學有所認識。他們在三年之後才離開愛丁堡大學，但正如當時一般學生一樣，並沒有領取學位。其後三年，休謨採用當時相當流行的方式，自己研習法律。休謨的法律研習大抵足以擔任律師工作，此所以日後曾被委任爲軍事法庭的法官。但是，休謨當時已深爲哲學所吸引，大量而專注地閱讀古典的文學和哲學作品，已不能按家人的原意去完成達致律師工作的學習。休謨自謂在十八歲的那一年，卽一七二九年，已產生一「思想的新圖像」。這個新圖像就是日後《人性論》(*A Treatise of Human Nature*) 一書的思想。自一七二九至三二年，休謨全力研讀和構想這個新圖像的系統。由於過度用功和這一新發現的刺激，引致精神和身體都生起病來，使休謨不得不暫時放下思想工作，休養了約二年才漸漸復原。據休謨的自述，這年使他從一高瘦的青年變成一肥胖健康的人。

一七三四年初，爲了改採較活躍的生活方式，休謨到布里斯托 (Bristol) 一家商行工作，但不到四個月就覺得不能忍受這種商業生活而離開，轉而尋找一個可以安心寫作的地方，把心中的那一幅新圖像寫下來。休謨是在這段期間正式把姓氏依其讀音確定爲 Hume。離開布里斯托後，休謨先到巴黎停留了一會，雖然很歡喜其地之風氣，但由於生活資源不多，只能到法國一些生活水平較低的地方居留。因此，休謨接受友人的介紹，先在里岩斯 (Rheims) 居住了一年，然後轉到安素 (Anjou) 之拉法雪

(La Fleche) 住了兩年。拉法雪之耶穌會學院乃笛卡兒受教育的地方，而休謨與該會之神甫交好，得以借用他們的豐富的藏書。一七三七年秋，休謨完成了《人性論》的大部份，乃回倫敦尋求出版。此書之第一卷和第二卷在一七三九年以匿名印出，而休謨所得不過是十二套和五十英鎊；第三卷則延至一七四〇年底才由另一家出版社印出。休謨對此書的期望極大，且爲了不致引起強烈反對和得到他所敬仰的巴特勒 (Joseph Butler) 的讚賞，曾在出版前把批評神蹟的部份抽起。但是，當時思想界對此書的反應非常冷淡，休謨自謂「它一出版就死亡，甚至沒有在狂熱份子之間引起一點竊竊私語」，這可說是對休謨的一次相當嚴重的打擊。休謨日後且傾向於不承認這部書是他的作品，雖然當時已不是什麼秘密。事實上，《人性論》並不眞的那麼不受注意，當時英國內外也有三篇頗長的書評，只是這些書評都是不利的，而且充滿誤解。但休謨認爲自己在表達方面不好，也要負上部份責任。因此，休謨日後把此書的中心觀念重寫爲較簡潔流暢，篇幅較短的單行本，事實證明後者是較爲成功的。另一方面，休謨在一七四〇年嘗試以匿名方式寫了一本引介的小册，內容主要是他認爲有創意的因果分析，希望爭取讀者了解此書的中心論據。這一小册子要到二十世紀三十年代才由經濟學家凱恩斯 (Maynard Keynes) 才再被發現出來。此小册子在宣傳時被稱爲《一部新近出版的哲學著作「人性論」之撮要：在這裏，此書之主要論據與大綱會被進一步解釋與說明，雖然它遭受如此的反對和嚴重的歪曲》，而在正式印出時則改用較溫和的《一部新近出版名爲「人性論」一書之撮要：在這裏，此書之主要論據被進一步解釋與說明》。但是，這一小册子顯然也不成功，並未能促進《人性論》的銷路或消除對它的誤解，而第一版所印的一千本在休謨生前都沒有賣完。

一七四一和一七四二年，休謨在愛丁堡發表了兩卷的《道德與政治論文集》(*Essays, Moral and Political*)。這兩本書相當受歡迎，使休謨獲得大約二百英鎊的收入，經濟狀況稍有改善，信心也有所增加。由於此書的成功，和愛丁堡市長的邀請，休謨在一七四四年應徵愛丁堡大學之倫理學及精神哲學教授之職位。但是，由於原任該職的教授在辭職上的拖延，支持的市長後已不在職，而休謨的反對者則結集力量，且其中包括他所尊崇的赫其森教授在內。市議會在一七四五年以休謨在宗教上的異端爲由，反對他的聘任。爲此，休謨曾以匿名的方式出版了一小册子《一位紳士寫給他那在愛丁堡的朋友的一封信》(*A Letter from a Gentleman to His Friend in Edinburgh*)，以第三者的身分說明自己的思想並非如那些反對者所說的爲在宗教上和道德上有害的。但是，反對者終於成功地把休謨排除，使休謨又一次爲《人性論》而受到挫折。由於生計上的需要，休謨乃接受了一個年薪三百英鎊的工作，作爲安倫第爾侯爵 (Marquis of Annandale) 之家庭教師。這個職位雖由於侯爵在精神上有問題及其家族複雜而不好相處，但卻可提供休謨以寫作的時間，可以讓他專注於改寫《人性論》第一卷的工作。但在一年後，休謨雖不願意，卻突然地被辭退。同年，卽一七四六年，休謨被一位遠房親戚聖克萊爾 (St. Clair) 將軍邀請擔任秘書的職位。這位將軍原定率兵遠赴加拿大對抗法國人的，卻由於風向不佳，未能啓程，而在數月後突被派往法國的布列坦尼 (Brittany) 海岸作戰，結果功敗垂成而回。但是，翌年休謨再隨聖克萊爾出使維也納爲副官，直到一七四八年底爲止。這一職位使休謨首次得到經濟自足的改善。在這段期間，休謨改寫了的《人性論》第一卷在一七四八年出版，此書原名《人類理解之哲學論文》(*Philosophical Essays Concerning Human Understanding*)，後來爲了與第三卷的改寫本一致起見，而改爲現在的書名《人類理解研究》(*An Enquiry Concerning Human Understanding*)。此書把在《人性論》一書出版前抽起的批評神蹟的部份重新加入，雖然休謨對此書之被接受情況仍不滿意，但此書卻是休謨著作中對日後哲學界發揮最大影響力的一部。一七四八年，休謨同時第一次以眞實姓名發表出版了《道德與政治：三篇論文》(*Three Essays, Moral and Political*) 和再版了《道德與政治論文集》。雖然休謨仍然認爲當時的哲學界對他爲不利，但實質上，這些著作已奠定了他的哲學地位，而哲學風尚也對他日漸有利。例如，當時著名的法國政治思想家孟德斯鳩(Montesquieu) 非常讚賞他的《道德與政治論文集》，並寄自己的《法意》一書與休謨訂交，他的讚賞無疑是促成休謨日後在巴黎的廣受尊敬與歡迎的因素之一。

回到尼德斯之後，休謨著手改寫《人性論》第三卷爲《道德原理研究》(*Enquiry Concerning the Principles of Morals*)，此書在一七五一年出版，也是休謨自認寫得最好的一部。同年，休謨的哥哥完婚，休謨與姊姊遷到愛丁堡居住，這時休謨已有足夠財富過一相當活躍的社交生活。次年，他的《政論》(*Political Discourse*) 出版。這部書之廣受歡迎，使休謨欣稱爲是第一本出版即成功的著作。這時宗教界每年都有數篇文章攻擊休謨和他的哲學，但他堅決採取不對任何人回應的態度。但是，一七五二年他希望獲取的格拉斯高大學的邏輯教席，終又因宗教的反對者反對而失敗。同年他被聘爲愛丁堡律師公會圖書館管理員。雖然此職年薪不多，但休謨因而得以使用此圖書館所藏的豐富資料，撰寫著名的六卷《英格蘭史》(*History of England*)。這套卷帙浩繁的史書，從一七五四年出版第一卷，到一七六二年完作爲止，前後共歷時八年。休謨先寫出斯圖亞特王朝和都鐸王朝，才回頭寫凱撒大帝的入侵。第一、二卷由於與當時黨爭和民意有違，受的批評頗多，休謨自謂是當時唯一可不懼這些威壓而秉筆直書的作者。雖然現在這部大書已少爲人讀，但這部史書在當時可說是非常成功的。它在當時及十九世紀，甚至被譽爲可能是用任何語言寫得最好的一部史書（伏爾泰語)。這部書不但帶給休謨豐富收入，而且使休謨被推崇爲一位歷史學家多於爲一哲學家。但這部書可說是哲學意念強於歷史的陳述，休謨也常在書中藉史事表達自己的政治經濟及社會的觀點。

一七五四年，休謨認爲律師公會代理人以不正當的理由否決了他所訂購的三部書，包括拉芳亭之《童話集》，因而拒絕領取薪金。但他到一七五七年才正式辭職，並同意把薪金轉給他的朋友，一位盲眼詩人布拉洛 (Blacklock)。在撰寫《英格蘭史》期間，休謨在一七五七年出版了另一本論文集《四篇論文》(*Four Dissertations*)；其中〈關於激情〉一文是《人性論》第二卷的濃縮修訂，但一般認爲此文並無甚可取。休謨原擬把另外兩篇文章，卽〈關於自殺〉和〈關於靈魂不滅〉一併出版，但由於出版商恐召侮辱宗教之責難而臨時抽起。除了一些未經許可的盜印本外，這兩篇文章要到休謨死後才在一八七五年的《遺稿》中正式印出。完成《英格蘭史》之後，休謨感到倫敦有愈來愈烈的反蘇格蘭的氣氛，乃返回愛丁堡。後又由於蘇格蘭皇家史官一職之委任有針對自己之意含，而頗爲懊惱，乃於一七六三年接受赫福特侯爵 (Earl of Hertford) 之邀請， 出使巴黎爲其私人秘書。休謨之被邀請是因爲他被認爲在巴黎有極高聲望，而休謨對侯爵夫婦也頗有好感。事實證明，休謨在巴黎的社交中非常成功，極受王孫淑女們所膜拜，且被視爲哲學界的先驅，與百科全書派之狄德羅 (Diderot)、達冷柏、霍爾巴哈等交往融洽。一七六五年赫福特侯爵奉調回國，在繼任大使抵達前，休謨暫代了幾個月大使之職，被認爲非常之能幹與稱職。休謨於一七六六年回國，同時把當時受迫害不能在巴黎立足的哲學家盧梭 （Jean-Jacques Rousseau） 也帶到英國。 休謨爲盧梭覓居所及取得英王的恩俸，但由於盧梭的偏執狂和女管家搬弄是非，不久盧梭即疑心休謨涉嫌參與法國哲學界對他的迫害，因而反目。休謨經表明而得不到接納後，乃把事情始末告知達冷柏，由他決定是否將此事公諸於世。達冷柏把有關書信及休謨的表白一同印出。其後盧梭離開英國返回巴黎，結束了兩位哲學家的交往。

一七六七年，原已決心退休的休謨又因赫福特侯爵之兄弟政務大臣康威將軍（General Conway）之邀請，出任北部諸省的政務次官，直至一七六九年回到愛丁堡爲止。這時休謨已相當富足，因而在愛丁堡一條街道上造了一幢房子，並在此居住至去世爲止。這條路後來定名爲聖大衞街以紀念這位哲人。這一段期間，休謨回復了一個相當活躍而愉快的社交生活。唯一令他稍感困擾的是來自詹姆士・比提(James Beattie)和雷德 (Thomas Reid) 的攻擊。休謨除了一秉不作回答的作風之外，也常以《人性論》爲早年不成熟之作以廻避這些攻擊。休謨最後所關注的是，已寫作了近二十年而由於怕引起爭議而未印出的《關於自然宗教之對話錄》的手稿，希望在死後能出版。他原意請亞丹・斯密 (Adam Smith) 安排此事，但後者由於膽怯而拒絕了。此書後來由休謨的侄兒在一七七九年出版。一七七五年，休謨患上腹痛，體力日衰，終於在一七七六年八月二十五日逝世。在面對不可免的死亡中，休謨始終能平靜對待之，使他的攻擊者不能藉此攻擊他的人格和反宗教的哲學信念，雖然仍有些反對者認爲他不過在強裝鎭定而已。在逝世前四個月，休謨寫了一篇數頁長的自傳《我的一生》(*My Own Life*)，簡述自己一生的經歷。其中對自己的性格有如此之描述：

> 我是一個性情溫和，能控制脾氣，具有開放、合羣、和歡愉幽默感，能與人建立感情聯繫，而少引起敵意，而且我的一切激情都很有節制。

而事實上，休謨之樂於助人與溫厚，是他的朋友所一致推崇的。而亞丹・斯密在休謨死後對他的描述是非常中肯和著名的：

> 總體來說，不管在他生前或死亡之後，我都常認為他達至了，也許是人類脆弱的天性所容許的，最接近的一個完全睿智和道德的人之理型。

二、休謨之先驅：洛克與巴克萊

在西方哲學史上，休謨與洛克（John Locke）及巴克萊（George Berkeley）並稱爲古典的經驗主義者（Classical Empiricists），通常以洛克爲開創者，巴克萊進一步推展了經驗主義，而休謨則完成了這個歷程。這種觀點基本上把休謨視爲洛克與巴克萊之驥尾，且以休謨之發展爲古典經驗主義之終結，這對於休謨的哲學貢獻及評價都是非常偏頗的，下文將評論此觀點之不足以表明休謨的哲學內涵與貢獻。但休謨與洛克及巴克萊確有思想上的聯繫，對他們的理解有助於確定休謨的哲學取向及地位。

經驗主義是針對歐陸的理性主義而產生的。第一個理性主義者也是現代哲學之父的笛卡兒（Descartes）爲了尋求一個確實無疑的知識作爲基礎，以建造一個嚴謹的哲學系統，首先把哲學的探索轉向知識的基礎，此爲哲學史上的所謂「知識論的轉向」（Epistemological Turn）。而洛克的貢獻在於深化這個取向，進一步探索知識的根源，解剖人類認知的機能，和構成知識及哲學體系的基本觀念（ideas）。依洛克的分析，人類知識建立在觀念上，而觀念全部來自經驗，沒有所謂先天的觀念（innate ideas）。換言之，一切知識的材料都是心靈通過經驗而得到的觀念。這些觀念有兩個來源，即，感覺（sensation）與反省（reflection）。那些由感官（senses）而得的關於外物的各種可感性質（sensible qualities）的觀念，如黃色、白色、熱、冷、軟、硬、甜、苦等，構成感覺的觀念。至於心靈就所得的觀念進行反省而有的關於知覺、思考、懷疑、信念、推理、認知、意欲等，則屬於反省的觀念。洛克嘗試以這兩類觀念去建構出一幅與當時科學理論相一致的世界圖像來。

洛克認爲我們關於世界的觀念是由於外物刺激我們的感官而產生。這些觀念就是我們認識外在世界的基礎。但是，我們所具有的觀念是紛紜雜亂的。依據日常的經驗，我們已知道關於外物的觀念中，有些是客觀的，有些是主觀的，並不是所有觀念都具有同樣的眞實性或客觀性。因此，我們有必要對感官所得的觀念有所區分。洛克對於與外物有關的觀念的區分，基本上是根據當時的科學成果，尤其是波義耳 (Robert Boyle) 的構想，卽，初性 (primary qualities) 與次性 (secondary qualities) 而進行。外物在我們感官上產生觀念的能力 (power) 被稱爲外物的性質 (qualities)。依據當時的科學成果，外物的基本性質是固體性 (solidity)、廣延 (extension)、形狀 (figure) 及運動 (mobility)、數量 (number) 等。這些性質並不因任何物理或化學改造或變化而喪失或不再存在於外物。因此，洛克稱這些性質爲外物的原初性質 (original qualities) 或初性 (primary qualities)。而我們所得到的關於初性的觀念是相似於外物的客觀狀態的。至於外物通過這些初性，諸如它的體積、形狀、結構 (texture) 及不可見部份的運動等，而在我們感官內產生的感覺，如顏色、聲音、味道等，這些觀念所表達的性質在外物方面乃是它們的次性 (secondary qualities)。由於外物本身的狀態只是它的初性，而次性只是它的一些能力的表現，因此，我們對於外物的次性所具有的觀念卽不能說是相似於外物本身的性質，只能說是外物刺激我們的感官而產生出來的觀念。是以次性的觀念不能享有初性觀念的客觀性，因而被稱爲是主觀的。洛克並以若干例子及論據以建立這兩者的區分。其中一個例子是以火之遠近分別產生溫暖與痛苦的觀念（感覺），但遠近並不可能在火本身有任何性質結構上的改變可言，因此，溫暖、痛苦等觀念乃是主觀感覺的反映。同樣，一被搗成泥的果仁之變爲油膩、汚黑與前此之香甜、潔白也不當是果仁的構成分子本身的改變，因爲搗碎的過程只改變了果仁的結構而已。這些例子都顯示出次性並非外物在初性之外的一些獨立的狀態，只不過是初性的一些能力的表現而已。洛克並提及所謂第三性質（third qualities），如太陽使一塊白臘融解的能力，此亦是外物的初性作用於其他外物的一些表現。基本上，外物只具有初性，而我們所具有的相應的觀念則爲初性之觀念。是以初性觀念是相似於外物本身的性質，次性觀念則只是外物的初性能力的結果。洛克的初性與次性的區分可以說依經驗主義的原則去重建一套與當時科學知識相一致的知識論。但是，這個區分後來成爲巴克萊的攻擊目標之一。

洛克另一個備受攻擊的觀點是關於實體（substance）的理論。在哲學上的區分來說，初性作爲外物的性質只不過是外物的屬性（attributes）。正如一物的顏色不是自存的，必須寄託在一個物體上，初性這一類性質，如運動、廣延、固體性等，都必須寄託在一個物體上。在傳統哲學中，唯有實體才具有獨立自存的條件，同時可以作爲這些屬性依附其上的基礎。因此，洛克旣承認外物有這些性質，也必須承認有這些性質依附其上的實體。至於洛克心目中的實體意指怎麼樣的一回事，或應當是怎麼樣的一回事，近代洛克哲學的研究者有相當多的分析與爭論，此處不能詳論。但是，由於凡是可感觸的都是屬於初性與次性的性質，而沒有感官與之相接的東西也就是我們沒有所知的東西。因此，洛克不得不提出：實體是「我們不知爲何物」(I know-not-what) 的東西，顯示出洛克的實體乃是感官所不能直接感觸到的東西，而只是由於可感性質，如初性、次性等之需要一托體 (substratum) 而被提出。這正是日後巴克萊攻擊洛克這個觀念的焦點。

巴克萊對洛克的攻擊，基本上以上述兩點爲主。依巴克萊的分析，洛克所作的初性與次性的區分其實是沒有根據的。因爲，如果關於一物的顏色的觀念由於距離的改變而受影響，則它的形狀的觀念也同樣受影響。例如一物遠看是圓的，近看可能是方的，一物在某一角度看是正方形，在另一角度很可能看起來是菱形的等等。如果一物的形狀在不斷分割之後仍可保有，則同一物的顏色看來也應該同樣存在於該物之上。我們並不能夠看到一有形狀之物而不同時知覺到它的顏色或想像一物時同時想像它是沒有顏色的。因此，初性的觀念與次性的觀念在本質上並無分別，並不能證成初性觀念乃物體本有的狀態，因而是客觀的，而次性的觀念不反映外物的本身之有這樣的東西，因而是主觀的。至於洛克的關於外物方面的實體觀，巴克萊更認爲是一莫名其妙的觀念。如果它是無感官可得的觀念，則外物之爲這樣的東西乃是在經驗上爲不可接受的。而且，依據洛克的知覺理論，我們所直接擁有的只是關於外物的感官的觀念，而且是從這裏推論出外物的存在。但洛克的視覺理論卻沒有辦法證明有獨立於我們知覺之外的物體本身的存在。因此，物體總只不過是被知覺的存在。換言之，物體就是它的可感觸的全部性質。是以就外物來說，「凡存在即被知覺」。在知覺之外，它再沒有甚麼東西，也不必要諸如「實體」那樣的東西去支持其存在。因此，巴克萊把洛克的物質實體的觀念去掉，而由心靈來支持這些必須被知覺才有存在的性質。換言之，「物體」即只有觀念那樣的存在身分。心靈乃是觀念必須倚賴的東西，因而心靈是唯一的實體。至於呈現在我們感官之前的物體，由於不是我們有限的心靈所能變現出來的存有，因此，它們必定是由上帝這個無限心靈所支持的「觀念」。雖然外物是觀念式的存在，但仍是眞實的存在，故巴克萊認爲他的理論並沒有取消外物的存在，只不過取消了那本來不存在的「物質實體」而已。至於人類的有限心靈及上帝的無限心靈，當然也是眞實的存在。把這兩點總起來即成爲「凡存在即被知覺或去知覺」(To be is to be perceived or to perceive)。因此，巴克萊的存有論裏就只有觀念與心靈的存在。由是他從批判洛克的經驗主義的實在論而得出的結果是成就了所謂的主觀觀念論（subjective idealism)。

依據一般哲學史的評價，休謨的哲學主要在於把巴克萊對實體的批評推進一步，把巴克萊所保留的心靈的實體也取消掉。因爲，依照休謨的分析，如果我們對心靈作一反省，則我們會發現心靈活動的表現完全在於它所具有的印象（impression)。不管這些印象是由於外物刺激我們的感官而在心靈上顯現的，或是由於內部感受或反省而出現的，它們總就是我們反省心靈時所唯一能感觸得到的對象。除此之外，再沒有任何屬於所謂心靈的而又不是印象的東西。心靈只不過就是這些印象的前後相續的出現。因此，休謨的結論就是心靈只是一束印象（a bundle of impression）而已。而不幸的是，印象顯然是一些刹那存滅的東西，沒有持久或永恆存在的性質。因此，心靈喪失實體的地位之後，也沒有恆常性可言，自然，更難以論說無限的心靈的存在了。加上休謨對因果關係的破壞性的分析，使得通過因果而建立的知識和外在世界並不是那麼理性及客觀的一回事，使得洛克與巴克萊依賴來推論那些在觀念以外的存有的唯一橋樑被切斷。因此，在休謨的哲學之下，這個宇宙好像就只是一些現象式的存在，對內對外都不能肯定有任何客觀眞實的存有可言。這結果就是所謂的休謨的懷疑論（scepticism）或不可知論（agnosticism）。

這樣的一個發展對當時的哲學界來說似乎是難以接受的。是以，與休謨同時代的愛爾蘭哲學家雷德（Thomas Reid）即宣稱休謨的哲學正好表明了由洛克開始的古典經驗主義是有問題的，由是主張回到普通常識的觀點去。他視休謨爲洛克的哲學取向的一個邏輯發展和歸宿，並以休謨的主要貢獻都在《人性論》的第一卷，即「論知性」這一部份。這兩點都影響後世對休謨的評價與著重點。對休謨的另一種評價可以十九世紀的英國哲學家格林（T. H. Green）爲代表，這種觀點基本上以休謨爲徹盡了經驗主義的死胡同，顯示出古典經驗主義之不可通，由是爲康德的批判哲學舖路。這種評價無疑也是以休謨爲洛克與巴克萊的驥尾。

這種情況一直到二十世紀邏輯實證論興起才有所改變。依邏輯實證論的觀點，休謨是他們這套哲學的兩大先驅之一。另一位是維根斯坦（L. Wittgenstein）。他們旣不視休謨爲洛克與巴克萊的追隨者，也不以爲休謨的哲學只是單純的懷疑論或不可知論。休謨在英美哲學界開始被認爲是英國最偉大的哲學家，甚且是西方哲學中最偉大的哲學家。這是表示哲學界開始重新理解及評價休謨的哲學及哲學上的貢獻。關於這兩方面，本書下列各章會進一步分析與評估。現在只就休謨對自己的哲學規模的構想方面，以展示他的哲學所希望完成的目標。

三、休謨的哲學規模與目標

我們可以從休謨的鉅著，也是第一部著作，《人性論》的主題與所構想的內容，以及所運用的方法來理解休謨的哲學規模和所祈望達到的哲學目標。《人性論》的整個書名是：《人性論：把推理之實驗方法引入道德學科的一個嘗試》(*A Treatise on Human Nature: Being an Attempt to Introduce the Experimental Method of Reasoning into Moral Subjects*)。如果把它與洛克的主要著作《關於人類知性的論述》(*An Essay Concerning Human Understanding*) 及巴克萊的《人類知識的原理》(*Principles of Human Knowledge*) 來比較，則可以立刻看出洛克與巴克萊都比較集中在知識及知識的根源問題的分析上，但休謨的計劃則遠爲龐大，是要探討人性本身的問題。當然，知性也是人性的一部份，甚至是相當重要的一部份，但並非全部。在《人性論》的結構上，「論知性」構成第一部份，而「論情緒」及「論道德」則構成其餘兩大部份。三者份量相若。而且，據肯普・史密夫 (N. Kemp Smith) 的考證，休謨是先完成第二、第三兩部份，才回頭寫出第一部份作爲引論的❷。其次，由《人性論》的副題更可以見出休謨的主要目的是在建立一套科學的「道德學科」。所謂「道德學科」，依休謨在此書的導論中所述，即是指邏輯、道德、文學評論及政治（《人性論》，頁

---

❷ 參閱 N. Kemp Smith 之 *The Philosophy of David Hume* (London: MacMillan, 1949), 頁 3-20。

xix-xx)❸。這些學科的目標是分別就人之推理機能、品味、感情及社會等表現去尋求它們的原理與運作方式。因此，道德學科既不同於自然科學與數學，也不只是指道德方面，即善惡對錯的問題，而是指與人的各方面活動有關的學科。總括來說，就是對人性本身的理解。依休謨的觀點，不但這些學科與人性有直接而明顯的關係，其他表面好像與人性無關的學科，如數學、自然哲學（即自然科學）及自然宗教（natural religion）等都與人性有關，因爲這些學科都是在人類的認知能力之下，都是由人類的能力與機能來判斷的。因此，一切人類的學科的建立最後都是建立在人性的理論上。

至於所謂「推理的實驗方法」的應用，顯示出休謨是希望以當時由牛頓所完成的自然科學爲典範，建立起一套具有鞏固經驗基礎的人性科學，一掃哲學史上無窮無盡的爭論狀態。休謨認爲這是由於哲學家沒有運用一些共同的及有客觀基礎的方法，而只是倚賴一些渲染、華而不實的詞藻來進行哲學的探究；同時也沒有嚴格遵守在經驗的界限之內，時常越過知識有效的經驗範圍而作出種種誇大的、無根據的論斷。換言之，休謨不但較諸洛克及巴克萊具有更廣泛、更深入的哲學構想，同時亦是要成就一套有經驗基礎及無可爭論的哲學系統。我們可以從下述這段話見出休謨的哲學目標：

> 因此，在假裝去說明人性的原理之時，實際上我們是提出各門科學的一個完整的系統，而這個系統是建立在一個幾

---

❸ 爲簡化註釋，休謨的原著之徵引均直接以書名附於引文之後。

> 乎是全新的基礎之上，也是它們唯一能鞏固地建立於其上的一個基礎。

> 而且，由於人的科學乃是其他科學的唯一的鞏固的基礎，是以我們所能為這門科學自己提供的唯一的鞏固的基礎必須是建立在經驗與觀察之上的。(《人性論》，頁 xx)

由此可見，休謨所從事的不是發展洛克與巴克萊哲學未徹盡之處，而是從頭去建立一套人的科學。這套人的科學是以人性爲焦點的科學。因此，關於人類的知性及知識方面的問題固然是休謨所要探討及分析的，但並非是全部的課題，甚至在休謨心目中也不是他的哲學貢獻最主要的地方，雖然他對後世的影響最大的是這部份的工作，尤其是其中的因果分析的貢獻。

單從休謨對哲學的整個構想來說，就可知上述之以他爲洛克與巴克萊的完成者並不是一個適當的評價。依休謨自己的評價，他是自視爲英國由培根 (Lord Bacon) 以迄洛克、沙甫士布利 (Lord Shaftesbury)、孟德維爾博士 (Dr. Mandeville)、赫其森先生 (Mr. Hutchinson) 及巴特勒博士 (Dr. Butler) 等的集大成者，除培根與洛克外，這些英國哲學家都是道德哲學家。而且休謨自認與這些哲學家的歷史關係猶如蘇格拉底之相對於自泰里士以來的希臘哲學家一樣。休謨是嘗試把他自十八歲以來所發展出的一幅「思想新圖像」舖陳出來，奠立哲學爲一套有鞏固基礎的科學。雖然休謨並未成功地使哲學擺脫前此之混亂與爭論不休的狀況，但忽視他在知識論之外的論述顯然不足以全面評價他的哲學貢獻。

第二章　觀念理論與方法

古典的經驗主義自洛克開始，即認爲一切觀念都產生於人類的經驗，人類心靈中並沒有任何「天賦觀念」(innate ideas)，故此洛克以人心如一白紙，沒有任何先驗的東西。知識由觀念所組成，因此，要建立一套適當的知識論，必須探究組成知識的觀念如何產生、如何組合。後者即成爲經驗主義者的觀念理論(Theory of Ideas)。換言之，經驗主義的觀念理論主要目的是建構一套觀念形成與結合的理論，以顯示出一切知識，尤其是科學知識，都可以在心靈得到某些經驗的輸入後再加以運作而成立，不必像理性主義那樣假定有任何必須的天賦觀念。因此，觀念理論除了陳述出一切知識的最基本或最典型的建立方式之外，同時也包含了經驗主義的一個基本原則，即，一切知識都源自經驗。凡不能追溯回到人類經驗方面去的觀念都缺乏眞實性，都是人類主觀幻想構造出來的，因而也不能構成人類的知識。在休謨的哲學中，他的觀念理論也包含著同樣的意義。休謨更從這個基本原則引申出他的哲學方法，及通過這個方法的發揮而表述出他對人性的基本觀點。

一、印象與觀念

在休謨的哲學中，最重要的一對概念無疑是印象(impression) 與觀念 (idea), 因此, 在《人性論》的開展中, 休謨首先引介這兩個概念:

> 人類心靈中的一切知覺 (perception) 把它們自己分解為兩種明確的類別。這兩類知覺我將稱它們為印象與觀念。(《人性論》, 頁 1)

休謨不像洛克與巴克萊那樣把一切心靈的知覺都統稱爲觀念, 而是嘗試在心靈的一切知覺中作出一個基本的區分。這個區分的重要性將會在下文的許多分析中表現出來。但是, 休謨對印象與觀念的區分卻備受批評, 主要的批評是在於這個區分並不嚴格。休謨曾在幾個地方提到這個區分的內容, 《人性論》的提法是一個典型:

> 這兩類知覺的差異在於它們刻印在心靈與進入我們的思想與意識的時候所含有的力量與生動性的程度。那些帶有最强的力量與暴力進入的知覺可以名之為印象; 而在這個名稱之下我意謂我們一切的感覺 (sensations)、激情 (passions)、情緒 (emotions), 當它們在靈魂中首先出現時。我以觀念一詞意謂這些知覺在思想與推理中的暗弱影像。(《人性論》, 頁 1)

在《人類理解研究》一書中, 休謨是這樣表達兩者不同之處的:

> 是以, 我以「印象」一詞意謂我們一切比較生動的知覺,

> 當我們在聆聽、或在觀看、或在感受、或在愛、或在恨、或在意欲、或在意決等之時所具有的知覺。而印象不同於觀念，觀念乃是當我們在反省上述所提到的那些感覺或動作時所意識到的比較不生動的知覺。(《人類理解研究》，頁27)

依休謨的意思，印象與觀念的區分主要有兩方面，首先，兩者在感官所感受到的力量與生動性有差異，卽印象是最強烈的，而觀念則比較微弱。第二，印象是那些首先出現的知覺，而觀念則是這些知覺在思想或推理中的再現。在第一個差異方面，感受的強弱只是相對的，並無一個截然的標準，正如有些論者指出，某些原先在印象中不明顯的成分，例如在調查一宗謀殺案對某一物件的位置，很可能在日後的反省，卽觀念中，反而呈現得很生動有力❶。事實上，休謨自己也指出在個別的事例中，這兩者在知覺上的強弱可以是非常接近的。但是，休謨卻又認爲這些個別事例只是極少數的例外，在一般情況下，這兩類知覺的分別是無可爭議的。在生動性與力量方面的差異， 休謨又以感覺 (feeling) 與思考 (thinking) 的差異(《人性論》，頁2) 來說明。類似的情況也見諸於《人性論撮要》。休謨意謂在感覺之中，無論是感官的知覺表現或心靈的某種情緒狀態，那種知覺所擁有的力量與生動性無疑是強於在反省或思考同一知覺內容的知覺。休謨認爲這種差異乃每個人都可以知覺到的。

除了這種內容方面的差異之外，休謨指出這兩者的一種性質

❶ 參閱史特勞德 (Barry Stroud) 之 *Hume* (London: Routledge & Kegan Paul, 1977)，頁28-29。

上的差異，卽，印象是首出的知覺，而觀念是這些知覺在心靈中的再現。這種差異對兩者在認知上的地位極爲重要，因爲，這表示印象是無待於觀念而可生起的，但是觀念則往往是印象的複製品。或者，更嚴格地來說，合法的觀念終究是印象的複製品。對於這個提法有兩方面的批評。第一種批評是認爲這樣區分印象與觀念卽無疑假設了印象的首出地位，而觀念不可能不是從屬的知覺。換言之，印象乃是被界定爲首先出現的知覺，而觀念則否。因此，休謨在其後論證印象與觀念的相互關係時所作的種種分析實爲不必要，或者不外丐詞而已❷。但是，休謨可以這樣回應這個批評，卽，指出這是觀念與印象在出現時序上的表現，這是一個關於印象與觀念的事實，這個事實自然影響它們各自在認知層次上的地位，但指出這兩類知覺在時序上的差異與由此差異申論兩者的認知層次上的身分並不是丐詞。嚴格來說，在認知層次上，印象與觀念的出現時序比諸它們的生動性的強弱更爲關鍵。因爲，生動性的強弱等等只不過是由於心靈的特殊功能表現的結果，與印象和觀念之間的主從關係並無必然的決定性。我們可以設想，縱使心靈的重現使得原初的印象比複製出來的觀念顯得較爲微弱，仍然不妨礙休謨其後建立印象在認知上的優先性，而這種優先性 卽表現在印象之爲首出、觀念之爲重現 這一事實上。

第二種批評是認爲休謨這樣界定了印象的優先性會使得他對觀念的根源問題沒有提供任何理解之處，卽，觀念被界定爲源於印象，而且變成沒有否證天賦觀念的論證❸。這個批評的意含實

❷ 同上，頁30-31。

❸ 同上，頁31。

在並不明確。也許論者認爲休謨論述觀念出於印象時是給觀念作了一個根源的說明，因此也同時設定了而非否證了天賦觀念的說法。但是，觀念出於印象的證明也是基於印象先於相應的觀念這個事實之上的。這個事實就是觀念的根源問題的最好的說明。休謨的主要貢獻是運用這個事實去說明一些重要的觀念，尤其是因果觀念的來源，這些說明提供我們理解這些觀念的根源與含義。至於天賦觀念的問題，在休謨來說並不是那麼明顯或迫切的一個理論問題，但是，在提出觀念來自印象時，休謨實質上不但把觀念，也把一切知覺都視爲由後天經驗所產生的，因爲所有印象都是通過感官感覺——由外感（outer sense）或內感（inner sense）——而來的。印象旣是如此，作爲印象之重現的觀念也就不可能是天賦的了❹。

以上兩種區分印象與觀念的性質都是從知覺本身的表現來建立的。休謨並沒有從一些外在的條件去立論，諸如從印象乃是強加於我們的心靈的，而觀念則否等等。這在休謨的哲學建構過程中有其不得不如此的限制。因爲，在他這套哲學開始的時候，尚未建立外在世界的存在，且休謨之爲懷疑論者的一個原因也是由於他的分析未能完全無疑地確立外在世界的存在。因此，休謨在《人性論》與《人類理解研究》兩書中都只提到上述兩種區別方法。只有在《人性論撮要》中，休謨似有意使讀者從外在的對象之影像去設想印象所不同於觀念之處。但是，這一方面只是一個有意無意之間的陳述方式；另一方面，休謨在較仔細的分析中

❹ 嚴格來說，要建立一切觀念皆源自經驗，需要建立一套可以說明一切知識的經驗論，即，沒有知識或觀念不可以被加以經驗生起的說明的，而這正是休謨的哲學所要完成的目標。

沒有考慮這個因素，也是很明顯的。因此，依休謨自己的觀點來說，他認爲從我們感受到兩類知覺在進入感官的力量與生動性方面的強弱，及一類知覺之爲首出，另一類則爲前者之複製品，可見出這兩類知覺的基本區別，從而建立印象與觀念這兩種知覺及它們之間在認知上的差別。

二、關於知覺的三個原則

休謨建立印象與觀念的區分，目的在於展示印象與觀念的關係及觀念在心靈中如何產生及運作。由此顯示出人性即心靈的構造與運作的模式。因此，休謨隨後即建立了關於印象與觀念的三個原則。

首先，休謨指出，我們的知覺除了可以作印象與觀念的分類之外，尙可以作出簡單的（simple）與複合的（complex）的區分。簡單的觀念或印象是指那些不可以作進一步區分或分離的知覺，而複合的觀念或印象則可以區分爲不同的部份（《人性論》，頁2）。例如，眼前的一個紅蘋果的知覺，乃是由某一特殊的顏色、味道與氣味等性質組合起來的一個整體，但是這些性質很明顯是可以各自區別開的。換言之，這兩種分類的方式使我們在知覺方面有簡單的印象、簡單的觀念、複合的印象和複合的觀念等四種知覺。進一步，我們很容易察覺到印象與觀念在很大程度上的相似性，它們的差異似乎只在於生動的程度不同，使得任一知覺都在心靈上成配對的出現：即同時出現爲印象與觀念。雖然印象與觀念常常互相對應，但是，仔細一點的反省則可以看出複合的印象未必有複合的觀念與它相應，同樣許多複合的觀念很難找到與它相應的印象。因此，觀念與印象的相應在複合的知覺方面並不完全。但是，在簡單知覺方面，兩者的相應卻是沒有例外的，即，每一簡單的觀念都有一簡單的印象與它相似，而每一簡單的印象也有一相應的簡單觀念。休謨認爲這個一一對應的通則是普遍於我們所有的一切簡單知覺的，而且認爲沒有人能夠舉出一個反例來。這種恆常的連結 (constant conjunction) 使我們推斷這些相似的知覺之間有一重要的聯繫，這種對應不可能是由偶然的機緣而產生的，因此，或是印象倚賴於觀念，或是觀念倚賴於印象，二者必居其一。而進一步考察可以發現印象總是先於與它相似的觀念而出現，反之，觀念很難引生出相應的印象來，因此，休謨建立起他的**第一個原則：我們所有的簡單觀念在初起時都是從簡單的印象衍生出來的，而這些印象是與它們相應的而且是它們準確地代表的**。（《人性論》，頁 4）

由於複合的知覺是簡單的知覺組成的，而簡單的觀念又是由簡單的印象所衍生，因此，這個原則使得一切知覺最後都是建立在簡單印象之上。而簡單印象又分爲兩種，一種是在心靈中原創地生起的，其原因乃不可知的，稱爲感覺之印象 (impression of sensation)，另一種是由於感官上的印象使我們知覺到諸如冷熱、苦樂等感受，這個印象遺留下它的觀念，而這個苦樂之觀念重現在心靈上時乃產生欲望或厭惡、希望或恐懼等印象，因此，這種印象被稱爲反省之印象 (impression of reflexion)（《人性論》，頁 7-8)。換言之，一切具有客觀意指的觀念最後都衍生於感覺之印象或反省之印象。至於那些沒有印象與它相應的觀念，則另有來源，也因此而缺乏客觀的意指。

休謨對於不能分解成爲相應印象的觀念也有一個根源之說

明，基本上，它們都是來自想像力的創造，因而也就是虛構的觀念。休謨對於觀念的重現分屬給記憶力（memory）與想像力（imagination）這兩個機能。他認爲這兩者所重現的觀念之間有兩種差異。第一種就像印象與觀念的差異一樣，即，記憶力之觀念比較想像力之觀念遠爲生動與強有力，第二種差異是記憶之觀念受制於原初印象生起的次序與形式，而想像力之觀念則不受此限制而可自由重組。嚴格來說，第一種差異旣非關鍵性的——因爲記憶力與想像力的差異應是所重現的觀念與原初印象的相應程度——也是錯誤的，因爲想像的觀念往往比記憶的觀念更生動活潑與強有力。因此，眞正關鍵的是第二種差異。在這種差異之下，休謨讓想像力擔負起構造那些沒有印象與它們相應的觀念，這就是休謨所要建立的**第二個原則**：即，**想像力有自由去調動及改變它的觀念**。（《人性論》，頁10）

雖然想像力有自由調動或改變觀念的離合，但這種調動或改變並不完全是隨意的。而事實上很多相同的觀念總是結合成某些複合的觀念，因此，想像力在運作時雖有自由但卻同時有某種結合觀念的性質，使得想像力的運作也有一定的方式。休謨指出這種在觀念之間的統一原理並不是一不可分割的連結，而只是一溫和的力量，使得某些簡單觀念時常會作某種結合；成就某個複合的觀念，或由一個觀念引出另一個觀念來。這個**觀念聯想的原則**（Principle of Association of Ideas）就是休謨所要建立的**第三個原則**。促使觀念聯想發生作用的是三種性質：**相似性**（resemblance）、**時空鄰接性**（contiguity in time and place）和**因與果**（cause and effect）。這三種性質在觀念之間產生一種吸引力，使得有關的觀念自然地被聯想起來。這個原則的提出，其中一個理論後果是使休謨可以用它來說明一些沒有印象作為依據的觀念如何產生，而且說明這些觀念雖然是主觀創造，卻由於想像力在創造它們的時候也依循一定的聯想原則，所以它們也顯示一種貌似有客觀意指的穩定性而實在並沒有相應印象可言的。

觀念聯想原則乃是休謨模仿牛頓的萬有引力定律的一個基本原則，休謨希望運用這個原則去說明心靈或心理的現象。休謨甚至認為這是他對哲學的最原創性的貢獻（《人性論撮要》）❺。休謨說:

> 它的後果在到處都很顯眼的；但是，關於它的原因則大體上是未知的，而且它的原因必須被分解成人性的原始性質，對於這些性質我並不假裝去說明它們。（《人性論》，頁13）

休謨認為對於聯想原則在原因方面的探索會碰到很多不可知的地方。而且，任何說明總要停止在某一個原始的性質上，與其不智地猜測其原因，不如詳細考察這個原則的後果，卽，它在人類的觀念運作中的表現，更為有益。因此，休謨只把這個原則視為人性的一個表現，而不試圖去說明為何人性會有這樣的一種運作方式。

至於「抽象觀念」(abstract ideas) 或「普遍觀念」(general ideas) 方面，休謨採納巴克萊的觀點，卽，以抽象觀念也

---

❺ 參閱史特勞德之 *Hume*，頁8。

只是一具體個特的知覺，只不過經由一名詞而使得這些個別的知覺具有較廣泛的指涉，和使得其他相似的個別知覺可由此而被喚出（《人性論》，頁 17)。休謨的論據主要是由觀念是印象的複製，而印象都是自然中的個別的事物，不是一般化的東西，因此，觀念也不可能不是具體個特的。當這些觀念被以一普遍詞項指涉，而相類似的知覺所建立的習慣聯繫(customary conjunction)，乃使得在這一詞項所指涉的各個不同的個特的知覺可依情況需要而在想像力中被召喚出來。這也就是抽象觀念或普遍觀念的性質(《人性論》，頁22)。休謨依此以說明一般的普遍名詞或概念，如「三角形」。但這顯然不能給概念一正視和合理的說明，對於一些自相矛盾的概念，如「圓的方」，則難有順適的說明。

分析到現在，我們大體上陳述出休謨所謂以最簡單的一些原則去掌握人類的一切活動的意思。他是希望以觀念聯想這一原則及它的多方面的變化運用，去說明人類的一切思想表現。在展示休謨如何及是否成功地達到他在哲學上的目標之前，下節先分析休謨在以上的觀念理論基礎上所引論出來的哲學分析的方法與取向，以便作進一步的討論。

三、觀念理論之方法論意義

上一節所建立的第一個原則，卽觀念與印象一一對應而印象又是觀念的原因，顯示出任何具有合理基礎的觀念都必定可以通過反省與分析追溯到一個產生它的印象來。無論是感覺之印象或反省之印象都是關於某些眞實存在的狀態，前者是一般所意謂的外在世界的事物，後者是感覺主體的一些眞實地呈現的狀態。由於觀念是印象的重現，因此，可以追溯到一個與它對應的印象卽表示這個觀念是有客觀眞實性的，並不是一個無根的、與眞實無所對應的觀念。那些不能與印象扣上對應關係的觀念卽表示它們並不是客觀眞實的反映，而只是一些虛構或主觀創造出來的觀念。因此，這個原則卽可以提供一個分析一切觀念的方法，卽，追溯它是否源於某個印象而產生的。這個方法基本上用於對複合觀念的分析，因爲簡單觀念，依休謨的分析，基本上都有簡單印象與它相應。在具體的分析工作中，通常是把那個有待分析的複合觀念分解爲較簡單的部份，然後追溯它們在印象方面的根源。這個方法一方面可以使得有關的觀念得到分析，讓它的含義顯得較爲明確。另一方面，這個方法也貫徹了休謨的經驗主義精神，因爲，一個觀念是否有印象的根源卽表示這個觀念是否源自客觀經驗而產生的——因此沒有任何天賦觀念，包括「上帝」這一觀念在內。是以關鍵只在於一個觀念所依以產生的經驗是甚麼。如果這個經驗是印象，則它可以說具有一般意義之下的客觀眞實性。如果這個經驗只是想像力的一種運作而產生，則這個觀念卽沒有客觀眞實性可言。但無論結果如何，這個分析總給出這個觀念產生的方式，因而促進對它的理解。

一個典型的例子就是對「實體」(substance) 這一觀念所作的分析。休謨的分析指出:

實體之觀念是從感覺之印象抑或是從反省之印象衍生出來的呢？如果它是從我們的感官傳送給我的話，我會問，從那一個感官呢？以及是用甚麼樣式傳送的呢？如果它是由眼睛所知覺到的，則它必定是一種顏色；如果它是耳朵，它必定是一種聲音；如果是舌頭，它必定是一種味道；以至其他感官等等。但是，我們相信沒有人會認為實體是一種顏色、或是一種聲音、或是一種味道。因此，如果實體真實地存在的話，它必定是從一個反省之印象衍生出來的。但是，反省之印象全都分解為我們的激情與情緒；它們之中無有可以能够代表一個實體的。因此，我們並沒有一個實體之觀念而又不同於一集個特的性質之觀念，而且當我們談及它或推論它的時候，我們也不會有任何其他的意義。（《人性論》，頁15-16）

換言之，實體並不指謂任何眞實存在的事物，因爲不可能有任何印象與它相應。實體之觀念只不過是一集簡單觀念，經由想像力把它們統合起來而指派一個特別的名稱給它們，以便我們可呼喚它們出來而已。因此，實體或卽是指一集簡單觀念，或只是一空的觀念，完全沒有實指的。

這個分析也就是休謨運用第一個原則的一個例子。這個方法有時候也輔助以一種休謨常用的技巧，論者稱爲「休謨式的挑戰」(Humean Challenge)，卽，休謨最後會提出如果反對者不接受他所得出的結論，則可以提出有關的印象或知覺來討論。例如，前述建立第一原則時，休謨卽認爲反對者不可能提出任何沒有相應的觀念的簡單印象，或沒有相應印象的簡單觀念。這個方法雖然並不使得休謨所建立的結論變得具有演證上的確定性，但是，可以說是表明在人類的能力，例如感官能力範圍之內，相反的提議是不可能的。

在對於一些較繁複而且重要的觀念，如因果觀念，休謨的分析也就更爲複雜。對這種分析方法，史特勞德把它分爲消極的與積極的階段 (negative and positive phases) ❻。他引用休謨的一段話表示出這兩個階段的特色：

> 這裏有兩個問題特別地挑起我們的注意，卽，有關它在理性中的基礎，及有關它在人性中的根源，這兩個問題。(《宗教之自然歷史》，頁21)

所謂消極的階段是由相應於引文的第一個問題，卽追問這個觀念的理性基礎。由於休謨的哲學整體上是否定了理性的積極主動的功能，因此，追問任何觀念的理性基礎最後的結果必定是子虛烏有的。這個階段的分析只意在顯示傳統哲學在這方面的錯謬，因此純粹是破壞性的，是消極的。但是，任何一個觀念總有它生成的經過與根源，它的根源最終必定是人性的某種原初的運作方式所產生出來的。如果它不是理性的產物，它必定是想像的產物，也就是上節所說的觀念聯想的結果。這一階段說明了觀念的根源與特質，故是積極的、建設性的。至於這兩個階段的應用事例，則留待下文有關因果、外在世界、人格同一性等觀念之分析時隨文展示。

四、自然關係與哲學關係

作爲他的哲學的基本原素，除了上述的觀念理論之外，休謨

---

❻ 同上，頁15-16。

還對觀念之間的「關係」一詞所包含的內容作了一個區分。衡諸休謨在其後所作的分析，這一區分無疑是他的哲學系統的一個重要觀點的陳示，如在界定「因果關係」，以至對道德上的罪惡和美德的判斷的探討，都涉及這個區分。但是，一般討論休謨哲學時，都只隨文引進，沒有正視及給予足夠的重視。作爲導論，本節對此觀念先作一簡要說明。

休謨首先指出「關係」一詞有兩個不同的意義:

> 「關係」一詞通常是在兩個頗為不同的意義之下被使用。一是指這樣的一種性質：通過它使得兩個觀念在想像中被連結起來，而且是在上述所已說明的方式【即，相似性、時空鄰接性和因果關係】，由其中一觀念自然地引進另一觀念；或是在這樣的一個個特的情況之中，甚至是在幻想中兩個觀念隨意地結合起來的情況，我們認為是適合去比較它們的。在日常語言中，前者常是我們使用「關係」一詞的意思；只有在哲學之中，我們才把它延伸到意指任何特定的比較的項目去，而不需要有一個連結的原則。(《人性論》，頁13-14)

換言之，前者是一種「自然關係」(natural relation)，而其運作的方式是上一節所說的觀念聯想的原則，即，它們的連結是自然而生起的，不是人爲地有意把兩者結合一起的；後一種則是「哲學關係」(philosophical relation)，而這可以完全是隨意地把兩個觀念或對象加以比較，不管它們之間是否自然地在我們的心靈上引出聯想的作用。因此，哲學關係是包含最廣的一種關係，包括自然關係在內，卽，自然關係也是一種哲學關係。是以，一種關係可以旣是哲學關係，而同時又是一自然關係，主要是視乎它是否具有自然的觀念聯想的作用。在休謨所列舉的七種哲學關係中：相似性、同一性、時空關係、數量或數目關係、質量或程度關係、對反性和因果關係(《人性論》，頁14-15)等，其中只「相似性」、「時空鄰接性」和「因果關係」同時是自然關係(《人性論》，頁11)。

其後，休謨又在論述知識與槪然性(probability)時，對上述七種哲學關係作了一個區分：

> 這些關係可以劃分為兩類，卽分為那些完全倚賴於我們加以比較的觀念之上的，和那些不需要這些觀念有任何變化而可以發生改變的關係。(《人性論》，頁69)

前者是指相似性、對反性、性質之程度、和數量或數目之比例。而這些可以構成知識或確定性的對象，其關係是直接地呈現於直覺之前的，甚至不勞演證(《人性論》，頁70)。至於餘下的三種：同一性、時空鄰接性和因果關係，則屬於槪然性的(《人性論》,頁75)。而休謨更表示，此中實只有因果關係是直就現前的對象推論前此或後此之對象之存在，而其他兩種關係都必須借助因果關係才能達到這種推論。因此，只有因果關係才眞是關於槪然推論的，由是而成爲經驗知識的主要來源，也因而成爲《人性論》第一卷分析的焦點。

在關於「關係」這一觀念方面，休謨在《人性論》的第三卷曾有兩個備註是値得我們留意的。第一點是「罪惡和美德不是關係」(《人性論》，頁 463)，這是表明在道德方面我們所對的不是觀念，而是印象，是一種存有或存在。此中自然包含著休謨對道德的觀點與理論在內。其次，休謨也提到「財產是一道德的而不是一自然的關係」(《人性論》，頁 491)。休謨在此不是要提出第三種關係，這裏所謂「關係」不是指觀念之間的，而是指一物與一個擁有此物的個體之關係。所謂「道德的」關係是指財產是一種隨公義而來的觀念，而公義是休謨所謂的「人文美德」(artificial virtue) 而不是「自然美德」(natural virtue)，因此，財產所涉及的關係，即某物與人之關係，乃是一種人爲的關係，並非自然而存在的一種關係。至於公義及有關的課題，則在以後的章節再加以說明。總而言之，休謨所重視的關係的意義是指在認知方面的觀念之間的關係爲主。

第三章　因果關係之分析

因果的分析是休謨的哲學中最多爲人論及的題目，是休謨在《人性論》第一卷中著墨最多的一個問題，也是對後代哲學發展影響最深遠的一部份。對休謨這方面的分析，以下分在兩章來介紹：本章將依據史特勞德的架構，以《人性論》爲主要文獻，闡述休謨對因果的分析，下一章則從現代科學哲學的角度，剖析休謨的因果分析所提示的對科學知識的建立所引起之討論。

我們在上一章最後一節已指出，休謨在《人性論》討論了他的觀念理論與觀念聯想原則之後，即引進「關係」這個概念的一些初步分析。他把關係分爲兩類，一是自然關係 (natural relation)，一是哲學關係 (philosophical relation)。前者是那些能引起觀念聯想運作的關係，如相似性、時空鄰接性、及因與果。在這種關係之中，兩個觀念通過想像而連結起來，這種連結是自然地產生的。第二種的哲學關係則包括這些自然關係及一些隨意把兩個可能沒有自然連結表現的觀念加以比較而成的關係，休謨認爲只有在哲學中我們才會把沒有連結原則作根據的觀念拿出來比較，因此，這種方式形成的關係乃稱爲哲學關係。哲學關係共有七種，即，相似性、同一性、時空之關係、數目或數量之比例、任何性質之程度、對反性與因果性。換言之，因果關係同時是一種自然關係，也是一種哲學關係。

依休謨的分析，在這些關係中，固然不缺乏可以建立諸如數學般具有演證的或直覺確定性科學的關係，如數目或數量的比例等，但是眞正引導我們從現前的對象或對象的知覺而推論另一些不在現前的對象之存在或關係的只有因果關係。任何從一現前的事實去推論另一不在現前的事實必須假定彼此之間有一種連結的關係，而所假定的連結必是一種因果的連結。而且我們由此對不在目前的事實具有一定的信念，這是對人類的行動與生活是非常重要的一回事，因爲，如果沒有這種推理，或由此推理而持有的信念，正如休謨說：

> 我們將永不知如何去因就目的而調節手段，或運用我們的自然能力去產生任何結果。這意味著一切行動及重要的玄想的即時中止。(《人類理解研究》，頁45)

這種推理正是知性（understanding）所擔負的主要工作，故此，休謨藉對因果關係的分析作爲對知性的功能的一個總的說明。

一、消極的階段

休謨著手分析因果關係時，即提出他的基本分析策略：

> 正式地開始，我們必須考慮因果性（causation）之觀念及看看它是從那一個根源衍生出來的。沒有完整地理解我們析論的觀念就不可能公平地析論它；而沒有追尋它的根源所在及考察它所由生起的原初印象就不可能完整地理解

任何觀念。對印象的考察賦給觀念一種清晰性；而對觀念的考察則給我們一切推理以同樣的清晰性。(《人性論》，頁 74-75)

換言之，我們不要憑空去猜想或擬設因果關係，而是直接從這個觀念所處的經驗狀況中去考察我們是如何得到這個關係的。這固然是經驗主義所一貫主張回到經驗，主張一切知識均來自經驗的觀點，用現代語言來說，也可以說是回到有關的經驗活動中去展示所用的語言或概念在典型的語脈中是什麼意義，或是如何使用，以分析出它的眞實意含是什麼。因此，休謨提議我們從各個角度去全面地考察兩個稱爲因與果的對象❶，以發掘出有關的印象來。

首先，休謨指出：對象的個特性質 (qualities) 不可能提供這個觀念，因爲任何對象，不論是外部的內部的，都可以是因或是果，但顯然沒有任何個特性質，尤指可感性質❷爲屬於一切對象所共有的 (《人性論》，頁 75)。因此，因果之觀念必出於兩個對象之間的關係。而兩個稱爲因與果的對象最容易引起人注意的是兩者的鄰接性 (Contiguity)。作爲因果關係中的兩個關係項，卽，因與果，通常都是在時空方面相接的對象，如兩個撞擊的球之相碰；縱使不是在時空中直接鄰接的兩項，如果它們被稱

❶ 由於語言習慣，休謨通常用「對象」一詞，但實際的使用中，它的含義卻不侷限在特定的物理對象，如運動中的球，而常指因與果的事件 (events)。雖然用事件來指謂因果關係較爲適當，但瞭解休謨的意指之後，用「對象」亦無傷詞意。故仍沿用休謨的表達方式。

❷ 參閱《人類理解研究》，頁 65-66。

爲有因果關係的，休謨很敏銳地指出，它們也必定被意想爲通過中介的，相鄰接的因果系列而連接起來，例如張三在甲地寄信，李四在乙地收到信，信件必被設想爲通過一系列時空鄰接的事件而從甲地傳遞到乙地。因此，時空鄰接乃是因果關係的一個本質的成素。除了時空鄰接之外，休謨提出第二個關係，即，在時間上，因總是先於果，但隨即認爲這個關係可能有爭議，且也不是太重要的一個成素。在《人類理解研究》中，休謨也沒有再提及這一個成素。

然而，兩個對象即使有了鄰接及時間先在的關係，並不一定被認爲是有因果關係的，正如日夜之相繼並不能說夜爲日之因，或日爲夜之因。換言之，單是這兩個條件並不足以構成因果關係。但是，除了這兩個成素外，我們似乎很難進一步去找出兩者的一些其他關係。如果說因與果之間有一種「產生」(production）的關係，休謨則指出，我們結果免不了運用因果關係去界定它，因而陷於循環，或是無法爲「產生」作出任何適當的界定，因而無法給因果關係加以說明。進一步，休謨提出，在運用因果關係時，或把因果關係賦予一對對象時，我們除了意謂上述兩個條件之外，我們同時意謂它們之間有一種「必然的連結」(necessary connection)。但是，任憑我們在任何一對有因果關係的對象之間作多仔細周詳的觀察，我們只能找到它們的各種可感觸的性質和上述的兩種關係，始終找不到與這種「必然的連結」相關的印象。

在這裏，休謨提議去考慮一些可能對解決這個困難有幫助的問題，而休謨所提出的兩個問題實質上就是看看知性是否能夠提出任何理由使我們得到這個有關的觀念。這兩個問題如下:

> 首先，我們是基於什麼理由而宣稱任何其存在是有一個開始的東西都同時必須有一原因？
>
> 其次，為什麼我們歸結出某些個特的原因必然地要具有某些個特的結果；而且，我們從一者推論另一者的推論及我們在此推論中所投入的信念，這推論及這信念的性質是甚麼呢？（《人性論》，頁78）

關於第一個問題，休謨從兩方面進行分析的結果都指出此中的理由不充份，即，我們並沒有任何經得起考驗的論證，證明凡是有一個開始的存在都必須有一原因。依休謨的分析，具有直覺的或演證的確定性命題都出於觀念之間的比較而產生的，而不涉及存在方面，即，純粹是觀念比較的關係，而這些關係只包括相似性、對反性、數目及數量之比較和性質之程度。因此，這個命題不可能有任何確定性或必然性可言。

休謨在此所運用的一個原則是以任何能具有必然性或確定性的命題都必須是觀念之間的比較，不可能涉及觀念與事實，或事實與事實的比較。因爲，只有前者才可以在觀念保持不變時，觀念之間的關係——即，純就觀念所具有的意義而分析出的關係——亦會保持不變。但是，一旦涉及觀念與事實或經驗之內容，或只是經驗內容之間的關係時，這種建立了的關係必定在所涉及的事實或經驗有所改變時即要有相應的改變。而事實或經驗之內容是可以設想爲不同於其實然的情況的，因此，這種建立起來的關係即無法使其改變爲不可能的，因而也就不會是一些必然的關係。是以，當休謨提議反對者可以提出及論證在上述四種關係之外還有那些可以具有確定性的關係時，他是意謂不可能有這樣的第五種關係使得上述命題爲必然的。

如果上述的論證尚涉及休謨對觀念之比較與非觀念之比較的區分，則下面的論證是更爲簡單直截的。休謨認爲由於「一切分明的觀念都可以互相分離開」，而「因與果的觀念是明顯地分明的」，因此，我們可以很容易想像任何在此刻並不存在而到下一剎那爲存在的事物，但並不必須與它可以區分的原因連同在一起來思考。由此可見，一個開始存在的事物並不必然地有一個原因。換言之，事物之開始與它的原因之觀念是可以想像爲分開的。因而兩者在實際上是分開的乃是一可能的事，此中並無矛盾，也不是任何純從觀念之推理所可以證明爲不可能的。因此，上述的命題的必然性並不能建立。

除了正面論述這個命題沒有必然性外，休謨還分別批評了三個建立這個命題的論據：第一個論據是以時空本身是平等的，因此任一事物開始存在的時空必須有一不同於其他時空之處，因而必須有存在之原因；第二個論據是說如果有一物缺乏存在之原因，則它必定是自己的原因，而這是意謂它存在自己之先，而這是不可能的；第三個論據是沒有原因而產生的東西乃是由「無」(nothing) 所產生，而這是不可能的。休謨的評論指出：

> 它們都是建立在同一個謬誤之上，也是從同一種取向的思想而來的。我們只要指出下列這點卽足够：當我們排除一切原因時我們是眞實地排除它們，而且旣不假定「無」或對象自己是存在的原因；因而不可以由這些假設的荒謬性抽繹出一個論據去證明這個排除是荒謬的。(《人性論》，頁81)

換言之，這些傳統論據都假設了任何開始存在的事都必須有一原因才會以「無」，或以一物爲自己的原因。而且，休謨很敏銳地指出，在這個討論中正是這一假設本身受到挑戰，故不能假定它。休謨並指出，另外一種以凡結果必有原因來論證上述命題的方式就更爲無價值，因爲，「結果」是一個關係詞項，它所對應的是「原因」，但是結果之必須有原因正如丈夫必須有妻子一樣，這純是語意上的，但並不能證明些什麼，因爲並不是所有男人都必須是已婚的，同樣，並不是所有事件都必須是結果，即必須被假定爲有一原因。

綜上所論，因果關係中的必然性旣不能在直接的知覺或印象中得到，也不是知性可以提供任何理由去建立起來的。因此，必須進一步討論「經驗如何產生出這樣的一個原則」，即因果原則來，而休謨認爲這個問題最適宜於以上述所提的第二個問題，即「我們爲何會歸結出，某些個特的原因必然地具有某些個特的結果，而且爲什麼我們形成從一者到另一者【即，從因或果到它的果或因】的推論」。這裏顯示出休謨並不是要否認有因果關係或因果概念之存在，但是，休謨認爲因果關係中所帶有的必然性並不像前此之哲學家所認爲是一種可感的，即從印象中產生的，或有充份理據支持的一個觀念。

由於因果的關係總涉及從一個已有的印象去推論它的原因或構想它的結果。在原因方面，它最終必是一印象或一被回憶起的觀念，而此觀念乃是一個印象之影像。在結果方面，它也是一個被相信會跟從其原因而相繼出現的存在，即，它也是有異於一般的觀念，休謨稱之信念（belief）。因此，休謨提出我們進一步要分析三個問題，第一是原初的印象，第二是過轉到它的原因或結果之觀念所涉及的**過轉**（transition），第三是該觀念的本質與性質（《人性論》，頁84)。

關於這三個問題，第二個問題需要進一步分析，留待下面章節作進一步論述，我們先在此簡單說明休謨對其他兩個問題的分析。關於引起任何因果關係的原初印象：它或是從感官而來，或是從記憶而來。對於從感官而來的印象，它們最後的原因爲何，休謨認爲是非人類理性所能解釋的。至於記憶方面，嚴格來說只有觀念，只是這個觀念是被認定爲是一個印象之影像，因而帶有一種爲想像的觀念所缺乏的「力量與生動性」。換言之，那原初從感官來的印象或它在記憶中的影像都帶有強力的力量與生動性，使得我們接受它們爲因果推論的基礎。至於由因果關係所推論出的關於另一對象的觀念之本性與性質，很明顯它是一個觀念而不是一個印象。因爲，這個對象尚未出現的。但是這個對象之觀念卻又帶有一種特殊的力量與生動性，使它不同於想像的觀念，因爲，它使我們相信它所涉及的對象將繼當前所見的因而出現，或由於其結果已出現而它應當是已經出現了的，故此這個觀念所帶的力量與生動性相當於記憶力之觀念。這個觀念休謨又稱之爲一個信念。其後，休謨更界定信念爲「一生動的觀念，而此觀念是關聯於或聯同於一現前的印象者」（《人性論》，頁96)❸。這兩者可說是因果關係的兩端。但是，它們本身並不能提供對因果關係的進一步的線索，因爲，眞正的關鍵在於從一者到另一者的過

❸ 參閱 Robert Paul Wolff 之 "Hume's Theory of Mental Activity"，此文收於 V. C. Chappell 所編之 *Hume: A Collection of Critical Essays* (London: MacMillan & Co., 1966)，頁 99-128。

轉，而這即是上述的第二個問題所要反省的。

二、自然齊一性原則與因果之必然連結

由於任一個對象就其本身不可能分析出它的原因或結果爲何，因此必須有待經驗的提供。經驗也不能在該事物第一次出現時即可以提供我們關於它的原因或結果是甚麼。必須在多次經驗之中，兩對象常常相伴隨地出現，經驗才使得我們去稱它們爲因與果，而由其中一者的存在去推論另一者的存在。由此，休謨引導我們去發現除了鄰接性與時間先在之外，第三個構成因果關係的要因素，此即因與果的「恆常聯繫」(constant conjunction)（《人性論》，頁 87）。由恆常聯繫使得我們從一個對象的印象過轉到它的原因或結果之觀念或信念，這即進入上一節的第二個問題。在這個問題上，我們仍然可以有一個希望，即，雖然知性並沒有提供任何理由使得從原因必然產生結果或從結果必然得出其原因來，但現在仍然可以希望知性在這個過轉上產生作用，這樣，從原因過轉到它的結果也是一個有理性基礎的推論。

休謨認爲，如果理性決定我們作出有關的推論，則它必定是依據下述的原則作出來的：

> 我們對它們尚未有任何經驗的個例必定相似於我們對它們已經具有經驗的個例，而且自然之歷程時常齊一地保持同一。（《人性論》，頁89）

這就是著名的「自然齊一性原則」(Principle of Uniformity

of Nature)。休謨似乎認爲知性在得到兩個對象有恆常連結的經驗之後，它要能提供一個合理的推論必要倚賴一個能使這種恆常聯繫成爲合理推論根據的原則，而這樣的一個原則也就是上述的自然齊一性原則❹。休謨進而分析這個原則能否成立。

依休謨的用詞，這個原則或是建基於知識，或是基於概然率(probability) 之上。前者卽表示這個原則是演證地成立的，後者卽表示它是建立在經驗事實之上的。至於前一種論證自然齊一性原則的方式，休謨認爲是建構不起來的，因爲，我們起碼可以想像自然之歷程有所改變而與前此我們所經驗到的情況有所不同，而這就足以證明這種轉變並非不可能的。由於這種自然歷程之可能轉變是一個清晰的觀念，此卽是它的可能性的一個論證，也就表明沒有任何演證可以證明它是錯的，因而自然齊一性原則不可能是演證地成立的知識。

至於運用經驗事實去證明這個原則卻陷於循環論證。因爲，任何從當前或過去的經驗推論尚未經驗的對象都必須運用因果關係，而因果關係乃是由經驗衍生出來的。因此，這種建基在概然率的方式必須假設我們尚未有經驗過的事件是相似於我們已有的相似的事件之經驗，因而必定陷於循環論證。休謨其後指出，在因果關係的推理中，我們在實際的表現上根本沒有反省的餘地，因此，也就沒有所謂心靈之接受這個原則而推論有關的因果關係。換言之，在眞實的經驗中，依於這個原則而作的推理根本從未出現過，因而任何論證這個原則爲因果關係推理的基礎都不免是強爲之詞的（《人性論》，頁104)。

---

❹ 至於自然齊一性原則是否眞的能證成因果的推論，則留待下一章論述歸納法問題時才加以申述。

最後，休謨分析了一個引用「能力」(power) 的論據。這個論據是這樣的：恆常聯繫的對象顯示其中一個對象時常被發現爲產生另一個對象。如果它不是具有一種生產出結果的能力，則它不可能有這樣的一個結果。此能力必然地涵蘊此結果，因此，我們有一個合理的基礎由一個對象的存在而推論出它通常所帶來的聯繫者。換言之，過去的產生過程涵蘊著一種能力，能力涵蘊著一個新的產生過程，而新的產生過程就是我們從能力與過去的產生過程所推論出來的。但是，休謨指出：能力並不是作爲原因的對象的一個可感的性質，也就是說，能力並不是一個印象。如果它是一個印象，則單憑這個印象即可預知它的結果爲何，而不必等待多個經驗提供因與果的對象之間的恆常聯繫才可斷定某一對象之結果是甚麼了。所以能力只是由對象之可以產生結果而來，而不是對象的一個可感性質。換言之，我們對於一個對象所能知覺的只是它的可感性質，並由此認定它是那同一對象或相類似的對象。那麼，休謨即可合理地追問：你爲何只在這些性質的出現即假定那同一的能力仍然存在呢？在此，訴諸於過往經驗並沒有幫助，因爲，這些經驗只能證明該對象在那個時候由於產生另一對象而說爲具有那種能力，但是不可能證明在目前具有同樣一集可感性質的東西或這個同一對象必定具有同樣的能力，如果對方答以由於我們經驗到相似的對象擁有相似的能力，而同樣的能力總是與同一對象結合在一起，休謨會追問同一問題，即，爲何我們可以由這些我們已有經驗的個例去形成超越這些個例之外的任何結論來。這表示這個答案或是引致無窮後退，或是陷於循環論證。因此，這個從能力而建構的論據也不能成立。

除了這個反駁之外，休謨在較後的章節之中（《人性論》，頁 155-172)，也曾進一步分析「能力」這個觀念。在這些分析中，休謨首先指出，產生 (production)、能力 (power) 或效力 (efficiency) 等詞項與因果性 (causation) 爲同義或近同義，同時，由於「理性不能單由自己產生任何原創的觀念」(《人性論》，頁157) 及理性不能證明每一開始存在的東西都必須要有一原因，因此，效力或能力必不能得自理性或知性。換言之，「能力」這個觀念另有其他來源，而不是基於知性的推理作用的。

分析到這裏，只完成了休謨在第二個問題的工作中的一半，對於從原因到結果的過轉尙須進一步發掘出形成這種過轉的因素。我們要注意的是，休謨並不表示這過轉是假的或子虛烏有的。反之，休謨是接受經驗所提供給我們的這個過轉的經驗或印象。到此爲止，休謨所作的分析只是指出知性並沒有在這個過轉上發生作用，至於眞正促成這個過轉的心靈活動，乃是在知性或理性之外的事。因此，這兩節的分析乃結束了所謂的消極階段的分析，顯示出在有關事實方面的推理上，理性並沒有作用。換言之，除了在邏輯數學等依於觀念之間的比較所產生的知識之外，其他的經驗知識，包括牛頓所建立的極爲成功的古典物理學的科學知識，都不是基於知性的作用而產生的。這個結果也就是一般說的休謨對科學知識所產生的挑戰，也就是休謨被視爲相當極端的懷疑主義者的原因。但是，休謨的分析顯然不是到此爲止的，他的目標是要進一步揭開心靈在知識活動中的表現，展示建立因果關係的心靈活動是怎麼回事，並由此表明人性的一些本質。這部份的工作就是正面地回答這第二問題及釐淸在這個過轉中所涉及的必然連結之觀念的性質。由於這部份的工作表達休謨對人性的一些正面的觀點，因此屬於所謂的積極階段的分析。

三、積極的階段

經過一段相當漫長的分析之後，休謨再回到因果關係中所意涵的必然連結的觀念去。我們在經驗到兩個對象之相鄰接及在時間上之先後相繼出現，加上這個情況的一再重複，即，形成一種恆常聯繫的經驗之後，我們在看到其中一個對象出現時，心靈就像被決定了的那樣，不得不產生它所恆常相結合的對象之觀念。正是這個印象或這個決定 (determination) 使得我們產生必然連結的觀念。

如前所述，這個觀念不可能單由理性產生出來，也不是由任何單一的一個個例即可以產生出來的(《人性論》，頁 162)。因此，相似個例的重複表現正是必然連結或能力這些觀念的根源。但是相似的個例之重複本身並沒有在任何的一個例子中增加任何新的東西， 因而我們也不可能在 這些個例中推論 出任何新的觀念，也不可能在這些對象方面發現出任何新的東西來。換言之，必然連結之觀念是另有根源的。休謨進而指出，相似對象的連結方式的重複在心靈方面產生一個新的印象。這些個例乃是各各獨立的，它們自己之間並沒有任何的聯繫，例如，甲球撞擊使乙球滾動的幾個事例可以相隔一年半載，兩個事例之出現都可以說與對方是否出現爲毫不相干的。只有在觀察到這兩個事例的心靈之內，它們才結合在一起。因此，休謨指出:

> 是以，必然性乃是這個觀察的結果，而且它只不過是心靈

> 的一個內部的印象，或心靈的一個決定使我們的思想由一個對象引到另一個對象去。(《人性論》，頁165)

分析到這裏，我們可以分別說明這個過轉的機制及「必然連結」這個觀念的性質。對於第一點，心靈在這種過轉的情況中，並不是依據理性，而是由於觀念聯想之作用，休謨說:

> 因此，當心靈從一個對象之觀念或印象過轉到另一個對象之觀念或信念時，它不是由理性所決定，而是由某些原則所決定，而這些原則使這些對象的觀念聯想在一起，而且在想像力之內把它們結合起來。(《人性論》，頁92)

換言之，當兩個對象具有一種鄰接性、時間上之相續及恆常聯繫的表現，它們就觸動了心靈的觀念聯想的機制，因而使心靈由一個對象聯想到與它常相伴隨的另一個對象之觀念去。這是一種觀念結合的原則。

休謨旣以因果連結爲觀念聯想的三個原則之一，又以觀念聯想來說明因果關係的推論，是否有說明上之循環而變成沒有任何眞實的說明呢？對於這個疑問之回答，依休謨的陳述當是如此:即，因果關係中的心靈表現乃是觀念聯想的結果，觀念聯想是心靈所本具的一種功能，它的觸發或發揮可以有三種方式，其中一種就是這裏論述的方式，即，兩個對象之有如上的相鄰接等三種表現。由於被經驗爲具有這三種表現的兩個對象被稱爲是因果關係中的相關項，因而這種觀念聯想的方式也就稱爲因果關係的聯想原則。換言之，因果關係是由於觀念聯想的作用出現而被賦予那兩個相關的對象，並非由因果關係來建立觀念聯想的作用。正如由於兩個對象的某些經驗，如相似或相鄰接，因此其中一個對象出現自然地使心靈過轉到另一對象之觀念。我們既以相似或鄰接性稱謂這兩個對象，也同時以這兩種引起觀念聯想的方式稱之爲觀念聯想之相似性原則或鄰接性原則。

至於這個結合的地點，休謨認爲是在想像力之中。在感官方面，不管是外部的或內部的感官，所得的都是一些直接的印象，因此，它們不會是觀念結合的地方，由於知性或理性並不提供這些關於對象存在之觀念，因此它們的結合也不會是在知性或理性之內。餘下的只有記憶力與想像力這兩個機能。記憶力只是重現有關的印象，而印象中沒有這種觀念的聯繫，即一現前的對象與一尚未出現的對象之聯繫，因此，記憶力也不可能提供這個結合的場所。只有想像力具有將觀念隨意連結的能力，因而可以把任何觀念，包括從未有印象與之對應的觀念，與任何其他印象或觀念連結在一起。但想像力在觀念的結合方面也不是完全隨意的，它也受觀念聯想的原則所推動，因而依從觀念之間的某些特殊表現，如相似性、鄰接性或因果性而把它們結合在一起。因此，因果的連結乃是想像力所結合的。

心靈的過轉原因弄清楚之後，必然連結之觀念的性質也就可以回答了。由於觀念總起源於一些印象，必然連結之觀念也必定衍生自一個印象。我們的感官沒有任何印象可以產生這個觀念，因此，它必定是來自一內部的印象，或反省的印象。而在內部印象中，只有習慣(custom)所產生的一種性向（ propensity)，即，從一個對象引到它常相結合的另一個對象之觀念。這樣的一種性向是與這個問題相關的。稱之爲一種習慣是表示此中並無所謂理性的反省作用，只是由於重複的經驗使得心靈習慣某些對象之相續出現的模式，因而具有一種性向，由知覺到一者的出現便自然地過轉到另一者的觀念上去。習慣也同時意謂在這個過轉中，心靈似被內部的一種力量所決定，自然地不由不浮現出相關的觀念來。

必然連結之觀念並不是對象或物體方面的任何可感的性質，必然性只存在心靈之內而並不存在對象之中，它是心靈的一個觀念，而它之所以產生是由於心靈所感受的一種性向，一種自然地被引導去一對象之觀念的決定性。這就是必然連結之觀念所具有的本質(《人性論》，頁 165-166)。休謨由於自己的理論要求而必要找出必然連結之觀念所源自的印象。但是，實際上並無一與此觀念相應的印象。這個觀念所源自的只是心靈所自覺的一種不由自主的過轉之經驗。正如胡爾夫 (Robert Paul Wolff) 指出，在這裏，休謨是以心靈的過轉去對應相關的觀念，而不是以知覺的內容與必然連結之觀念相對應❺。在這裏值得一提的是，休謨只否認必然性或必然連結之爲對象所具有，並不是說對象的連結純粹是主觀加上去的。因爲，在對象方面，它們是有一種恆常聯繫的連結，這就是因果的連結。因此，並不是說因果關係沒有客觀存在，或者在說因果時只是討論人類的心靈活動。但是，必然連結這類觀念卻不是對象的性質，縱使對象有這樣的性質也是我們所不曾經驗到的，也許是無法經驗到的。因爲，它只意謂心靈所感受到某些印象，即被決定從一個對象之印象或觀念過轉到另一個對象之觀念，及由此而有的一個兩者相連結的觀念。

❺ 同❸，頁 112，及參閱《人性論》，頁 166。

四、原因之兩個定義

經過這個冗長的分析之後，因果關係的根源與性質都展示得相當明白了，休謨乃進而對因果關係作出一個準確的界定。但是，使所有後代的讀者都困惑的是，休謨不是給出一個界定，而是兩個關於因果關係的界定。而且這兩個界定似乎並不完全相等。休謨認為對於這個關係可以有兩個界定，視乎我們考慮它作為一個哲學的關係或是一個自然的關係。但兩者的不同只是對同一物的不同觀點而已。因此，休謨說:

> 我們可以界定一個**原因**為一個對象，它先於及鄰接於另一個對象，而且所有相似於前者的對象都被置於與後者相似的對象在同樣的先在性及鄰接之關係之中。(《人性論》，頁170)

這個是休謨所謂的哲學關係的定義（以下稱之為定義一），即，著眼於兩個觀念的比較而來的關係。如果我們覺得這個定義似乎將一些與原因不相干的東西介入其中，因而認為是有缺點的，休謨認為可以代以下述這第二個定義（以下稱之為定義二）:

> 一原因乃是一個對象，它先於及鄰接於另一對象，而且與它這樣地結合在一起，使得其中一個對象之觀念決定心靈去形成另一對象之觀念，而且一個對象之印象使心靈形成另一對象之更為生動的觀念。(《人性論》，頁170)

休謨並表示， 如果我們仍然由於同一原因而排拒這個定義， 則他亦不知如何補救，只有讓不滿意的人士提出一個更合理的界定了。

休謨似乎沒有很著意定義一與定義二並不相等值，使人很難理解這兩個不相等值的定義如何能夠是「同一個對象」的不同定義。羅賓遜（J. A. Robinson）指出這兩個定義無論在內容上 (intension) 與外延上 (extension) 都不相等值❻。因爲在意義之內容方面，定義一意指對象方面的一些關係，而定義二則主要指心靈面對一對象時所發生的轉變。在外延方面，很多符合定義一的對象未必在心靈方面引起如定義二所說的轉變。因此，他認爲定義一是關於因果關係的定義，但定義二實質上並非一個定義， 只是意在表明因果關係是一種自然關係（natural relation），也就是說，定義二是一個關於心理方面的經驗陳述句。

這樣把定義二解釋爲一個經驗陳述句雖然可使兩者爲對同一個對象，即因果關係的不同表述，但是，卻喪失了定義二之爲定義的身分，而且，正如理察斯 (Thomas J. Richards) 所指出的， 根據羅賓遜的分析， 定義二作爲一個關於定義一的經驗陳述句乃是錯的， 而休謨也應該意識到這一點❼。因此， 他認爲休謨這兩組語句都是定義，只是定義一是回應類似「所被肯斷的

---

❻ 參閱 J. A. Robinson 之 "Hume's Two Definitions of 'Cause'", 此文收於 V. C. Chappell 編之 *Hume: A Collection of Critical Essays*, 頁 129-147。

❼ 參閱 Thomas J. Richards "Hume's Two Definitions of 'Cause'", 此文收於 V. C. Chappell 編之 *Hume: A Collection of Critical Essays*, 頁 148-161。Robinson 對此文有一回應，參見同上書，頁 162-168。

是甚麼？」的問題，而定義二則回應類似「使肯斷者適當地相信A爲B之因的所必須要得到的事態是甚麼？」的問題。簡言之，他是以定義一爲界定哲學的因果關係，而定義二則是界定自然因果的關係。理察斯由是保存了兩者都是定義，但卻變成不是同一個對象的定義❽。

依據這兩種分析，要把這兩個定義作合理的安排似乎總不免使得休謨所謂「同一對象的兩個定義」這一句話打了折扣。有些學者❾甚至認爲兩者嚴格來說都不是定義，只是使我們得到關於這個不可以界定或說明的因果觀念之最近似的意義。但是，這樣是否能暢盡休謨的本意呢？休謨在《人性論》第一卷花了那麼多的篇幅與力氣，最主要的目標就是去說明因果關係的眞實意義，而最後爲它下一個明確的定義。當然，休謨分析得到的結果不同於當時哲學界對因果的一般觀點，但這無礙休謨可以就分析得到的結果而給予這個觀念一個說明性的界定（explicative definition)。因此，我們可以嘗試理解在甚麼情況下，這兩個定義眞的是同一個對象（卽因果關係）的兩個定義。

首先，我們必須回答羅賓遜提出的定義一與定義二不相等值的情況。這裏，羅賓遜似乎假設了定義一與定義二爲分別針對不同對象，前者是客觀外在的對象，後者是心靈的一種表現，作出的界定。但是，休謨所謂的因果關係總是指印象與觀念或觀念與觀念之間的關係。所謂「對象」也是意指在知覺或印象中呈現的對象。休謨並沒有，起碼在討論因果關係時，建立起對象在知覺

---

❽ 參考羅賓遜之回應。

❾ 參見史特勞德之 *Hume* 一書，頁89之後的討論。

之外的客觀存在⑩。換言之，休謨所謂對象之具有鄰接性、時間上相續、恒常聯繫等關係時，都是相對於我們的知覺而言。很明顯，具有這些關係的對象在我們心靈上一定引起觀念聯想的作用，因而也就使我們的心靈由其中一個對象之知覺，不管是印象或觀念，過轉到另一個對象之知覺或觀念去。也就是說定義一涵著定義二。縱使是想像某些可能的，但我們仍未知是否眞有這關係的例子，我們的心靈仍自然地作出過轉。反過來說，如果一對對象能產生定義二所說的心靈的過轉，依休謨的理論，這兩者必已被知覺爲具有恒常聯繫的表現，此卽表示定義二涵蘊著定義一。其間的連結原則是觀念聯想的原則。這個原則一方面使這樣的一對對象在心靈上產生這樣的過轉，同時也是賦予這種關係以一種自然性（naturalness），卽，使之爲一自然關係。這樣的理解比較符合休謨所謂從不同的角度去表達同一對象（《人性論》，頁169-170），或相應兩種不同的經驗，卽相似的對象時常連繫一起，與原因常以一種習慣的轉移使心靈轉到結果的觀念去（《人類理解研究》，頁76-77），而有同一對象的兩個定義。這樣或可保持了這兩個定義是關於同一個因果關係，而是由不同角度或經驗去理解的兩種方式。

五、關於知識與人性的結論

《人性論》第一卷主要是關於知性在人類知識中的作用。除了關於觀念之比較所得的知識，而休謨對這種知識的論述不多，

---

⑩ 參閱《人性論》，頁84。

他所著重去論述而且認為對人類生活以至生存有鉅大關係的知識，即關於事實方面的知識，休謨的評價是相當不同於傳統的，即，並不認同傳統之以知識純粹為理性的事，也不認為知識有任何理性的基礎。因此，在關於因果關係的分析中，休謨對知性或理性所作的破壞性的分析是非常明顯的。在傳統的觀念之下，休謨要建立一個完全不同的觀點也的確是要費很大的氣力去破除這種理性的基礎，此所以休謨的消極階段的分析包含頗多曲折，引起的誤解或混亂也最多。總括來說，休謨認為例如在因果關係的理解上，「我們總不能透入連結之理據」（《人性論》，頁 93），知性或理性在此是無能為力的。因此，關於事實方面的理解，休謨總結地說：

> 是以一切概然的推理（probable reasoning）都只不過是一種感觸（sensation）。不單只是在詩歌與音樂中，同時在哲學中也是一樣的，即，我們必須跟隨我們的品味與感受。當我信服任何原則時，它只不過是一個比較更為強力地刺激我的觀念而已。當我賦予一組論據以較其他論據為優先時，我只不過是根據我對於它們的更高的影響力之感受而做的決定。對象並沒有任何可以被發現的連結；除了習慣作用於我們的想像力之外，也沒有任何其他原則使我們可以依據它從一物的出現而作出另一物的存在的推論。（《人性論》，頁103）

換言之，在所有的事實知識或關於事實的推理方面，知性是完全沒有作用的。真正發揮作用的是我們的感受。知性也沒有擔負推論的工作，甚至不能擔負推論的工作。提供從因到果之過轉的動力或原則是**習慣**（custom），「因此，一切依於經驗而作出的推論都是習慣之結果，並非是推理之結果。」（《人類理解研究》，頁43），而習慣在這裏則是刺激起想像力去投射因果關係的另一端，因此，因果的推論是靠想像力來完成的。此所以休謨說:「依據我的系統，一切推理都只不過是習慣的結果; 而除了活動起想像力，及賦予我們任何對象的一個強力的概念之外，習慣再沒有任何影響力。」（《人性論》，頁149）

這種對知性或理性在事實知識與推理上的毫無貢獻與毫無能力作出貢獻的論點，幾乎貫穿《人性論》第一卷的每個章節。由知性之缺乏貢獻乃帶出情感與想像力的重要性。休謨目的於建立情感情緒爲知識與道德的基礎，並藉著統一知識(眞)、道德(善)與品味（美）在同一基礎上，透顯出心靈的結構，也就是人性的結構及貫徹以一些基本的簡單的元素與原理，即心靈的知覺與觀念之聯想作用，去說明及解釋人類在各方面的活動，正如牛頓在物理學所成功的模範。這個意向可以在休謨確立習慣的作用之後所引論的一段話表示出來:

> 這是靈魂的一個運作，當我們在某一情景中之時，這種運作之為不可避免的，正如當我們得到利益時我們之不可免地感受到喜愛之激情，或當我們遇到傷害時我們之不可免地感受到痛恨一樣。這些運作全部都是一種自然的本能，而這種本能不是知性與思想之任何推理或過程所能夠產生或制止的。（《人性論》，頁46-47）

在休謨的構想中，人類心靈的要素不在知性或理性方面的活動，而是在感情與情緒的感受之中。這種感受不但支配了道德與品味的活動 —— 關於這方面我們會在以後的章節中交代 —— 同時也支配了認知的活動。在休謨的分析之下，知性或理性的功能非常之有限，甚至在它們應當佔重要地位的認知活動中，它們也只能是順從或輔助感性與想像力的決定。這無疑是對傳統的理性之地位的鉅大貶抑。因此，第一卷可說初步建立了「理性只有而且應當是情緒的奴隸」這個結論。

至於休謨的因果分析對後世關於科學知識及歸納推理的貢獻與影響，將留待下一章進一步討論，以表明休謨的分析在當前的科學哲學的討論之中仍有重要的啓示與開發。

第四章　休謨問題與科學知識之建立

在現代科學的討論之中，休謨對歸納法的挑戰構成所謂在歸納法方面的「休謨問題」(Hume's Problem of Induction)，即，對歸納推論所得來的知識的理性基礎提出挑戰，因而動搖了以歸納推論爲基本方法的科學知識之基礎。休謨哲學發展出來的歸納法問題可分爲三個基本論題。第一個論題是「可誤論」(Fallibilism)，即，歸納推論可以有前題爲眞而結論爲假的情況，也就是說歸納推論是不中效的 (invalid)。第二個論題是「循環論」(Circularity Thesis)，即，任何證成歸納推論的方式都不免是循環論證。第三個論題是「懷疑論」(Scepticism)，或「歸納的懷疑論」(Inductive Scepticism)，即，依歸納推論而有的結論並不比它的否定更爲有理由。其中，第一與第二論題可說是近代哲學的共識，而第三個論題則有頗多的爭議。本章對休謨在這三個論題的論述加以闡釋及引介近代的一些有關討論，藉以顯示何以休謨在哲學上的地位在二十世紀變得越來越重要，而更爲重要的是，何以休謨的哲學對現代哲學仍有重大的作用與啓發。

在闡釋休謨的論點之前，有兩點値得注意的。首先，休謨在這部份的工作相當於上一章所謂消極階段的分析。在休謨的構想中，這部份的工作固然有重要意義，但是他的終極目標是建立一個關於人的科學，因而更重要的是積極階段的建構。所以，在休謨的分析中常穿挿了許多關於心靈在歸納推論中的表現，即，現在一般稱為心理的或心理學的描述。只著眼休謨的哲學分析的評論者總不免覺得休謨許多時加挿了一些不相干的論述在極有洞見的分析之中，也往往而迷失於其中。因此，在演述休謨對歸納推論的分析必須整理出其中的理路來，方不致只見樹木不見森林，也不致引生無謂的責難與誤解。其次，休謨在這方面的論述全都是套在因果關係的推論方式之中。因此，許多引文不得不引自關於因果的分析，然後用現代的術語加以論述，是以我們必須先對休謨的有關用語，和與這些用語相當的現代詞項加以說明，以免引起混淆。

一、休謨問題：現代的重構

在當代的知識論與科學哲學的討論中，哲學工作者都承認休謨曾對歸納法作出上述三個論題。但是，休謨如何論證這三個論題，以致有關的文獻是那一些，卻一直缺乏扣準文獻和有系統的分析。史托夫（D. C. Stove）在這方面作出了非常重要的貢獻❶。在 *Probability and Hume's Inductive Scepticism* 一書中，史托夫相當準確地指認出有關的文獻及休謨論據中明示的與

---

❶ 參見史托夫（D. C. Stove）之"Hume, Probability, and Induction"一文，此文原刊於 *The Philosophical Review*, Vol. LXXIV（1965），後收於 V. C. Chappell 編之 *Hume: A Collection of Critical Essays*（1966年，MacMillan, London, 頁187-212），及史托夫之 *Probability and Hume's Inductive Scepticism*（Oxford, Clarendon Press, 1973）一書。

隱藏的命題與論據結構。但是，依史托夫的分析卻使得休謨在最關鍵的論題方面，即歸納的懷疑論，成爲沒有論據支持的斷言；同時，也使得《人性論》其中的一些章節，即第一卷第三部份之第十一、十二、十三等三節成爲無關重要的贅文。是以，本節不採取史托夫的分析而逕就《人性論》第三卷的文獻重新整理，冀能提供一個更堅實的休謨論據出來❷。當然，這樣進行免不了有詮釋的工作在內，而且這種詮釋與史托夫的說法也有不同之處。至於其中的問題與理據將在行文中再交代。

首先要交代的是歸納推論與因果推論的關係。在休謨的哲學之中，並沒有歸納推論一詞。與此詞意義最相關的是他所謂關於「實然的事實」(matters of fact) 的推論。近代關於演繹推論與歸納推論的區分，可以溯源自休謨的一個區分，而這個區分可引《人類理解研究》第四章開首的兩段話，也就是休謨進入因果關係之分析之前所作的一個重要區分來說明：

> 人類理性或研究的一切對象都可以自然地區分為兩類，即，**觀念之關係**（Relations of Ideas）與**實然的事實**(Matters of Fact)。屬於第一類的是幾何、代數與數學等科學；簡言之，也就是所有直覺地或演證地確定的肯定，都是這類。……這一類的命題都可以單由思想之運作而發現的，毋須倚賴在宇宙任何地方的任何存在事

❷ 這裏採用的分析結構是作者於一九七九年在美國南伊利諾州大學修習休謨一科時，從導師奧迪博士 (Dr. Michael Audi) 所取得的，並非作者所發明，謹此註明。如果這個架構能說明休謨的論點，它是奧迪博士的貢獻。

物。……

人類理性之第二類對象之實然的事實則不以同樣的方式被確立；而我們所有的關於它們的眞理性之證據，不管有多鉅大，也與關於前述對象的證據在性質上並不相同。每一實然的事實之反面仍然是可能的；因為，它永遠不會涵蘊一自相矛盾，而且心靈仍可以同樣的簡易及清晰性去思慮它，正如它是符同於眞實的那樣。「太陽明天將不會升起來」比諸「太陽明天將會升起來」並不見得是一個稍微不那麼可理解的命題，而且也不涵蘊任何更多的自相矛盾。因此，我們如果嘗試去演證它的虛假性將會是白費氣力的。如果它是演證地錯誤的，則它將會涵蘊一個自相矛盾，而且心靈永遠不可以清晰地思慮它。(《人類理解研究》，頁25-26)

這一段長文所包含的幾個重要的論述也散見於休謨的《人性論》第一卷第三部份第二、三、四等章節之中，休謨的區分顯示出觀念之關係與關於實然的事實方面的命題或推理完全不同。前者可以有直覺的或演證的確定性，它們的眞假並不倚賴宇宙的特定情況。後者則與經驗情況有關。前者就是所謂的演繹推論（deductive inference)，後者就是歸納推論(inductive inference)。而關於事實方面的推論都包含著一種因果關係，故休謨跟著說：

一切關於實然事實之推理看來都是建基在因與果的關係之上。只有通過這個關係，我們才可以超出我們的記憶與感官的證據之外。(《人類理解研究》，參閱《人性論》，頁

73-74)

如果歸納推論是關於實然事實的推理，那麼每一個歸納推論都是建立在一個因果推論之上的。因此，任何歸納推論所得到的結論，它的確定性都不可能高於一個因果推論所能得到的確定性。換言之，我們可以得出下列的命題:

(I)沒有任何歸納推論的結論比最合理的因果推論所得的結果更爲合理。

至於因果推論的確定性（certainty）正如上述第一段引文（或《人性論》，頁79）所表示的，不會具有任何確定性。因爲，依照休謨的分類，「一切確定性都來自觀念之比較」（《人性論》，頁79），只有「觀念之關係」，卽，演繹推論，才可以有直覺的或演證的確定性。而這兩種確定性的特色也就是休謨所謂的其反面是不可能想像的或自相矛盾的。至於因果推論方面，總是由現前的一個對象，或休謨所謂的印象或觀念，去推論另一不在現前的對象，或所謂觀念，故此，它不可能有直覺上的確定性，同時也不可能有演證的確定性，因爲它的結論之反面並非不可能的。進一步來說，縱使我們對同一類事件有了多次經驗，因而心靈有一種從因到果的自然過轉，但由於同類事件並不增加因與果在理性上的連結，有恆常聯繫表現的事件仍然沒有上述的確定性。換言之，任何因果推論都缺乏這種確定性（《人性論》，頁 89）。由此，我們可以得出下列的第二個命題:

(Ⅱ)沒有任何因果推論是有確定性的。

這也就是說所有的因果推論都是不確定的（uncertain）。這樣，連同上述第一個命題，我們可以得出下述的命題：

(Ⅲ)沒有任何歸納推論的結論是確定的。

這個命題即相當於所謂的歸納推論之可誤論（fallibilism）。因爲，依休謨的表達方式來說，這種推論所達到的結果並沒有演繹的中效性，也就是說，它的否定並不是不可想像或自相矛盾的。正如在上述第一段引文中休謨所說的例子，「太陽明天將不會升起來」雖然在事實上極可能被證明爲假，但是，它之爲眞起碼是可能的，這個命題本身並不是自相矛盾，因而不是永不可能爲眞。用現代的語言來說，因果推論，以及歸納推論，是可以由眞的前題得出假的結論的。

由於休謨的目標在澄清知性或理性在因果推論方面的功能爲何，所以跟著上述論證因與果之有恆常聯繫的經驗仍不能得出因果推論的確定性之後，休謨乃追問在這種以恆常聯繫爲根據的從因到果的推論是否是由理性所決定的。這個問題以現代的哲學語言來說就是相當於追問：當歸納推論並不是一種中效的推論時，我們可以有甚麼理由來證成它呢？因此，休謨進一步的分析乃是關於歸納法的證成問題。

休謨認爲在這種推理之中，如果理性有決定作用，則它必定是依據這樣的一個原則來進行，即，

> 我們對它們為沒有任何經驗的個例必須相似於那些我們對它們已有經驗的個例，而且自然的歷程時常保持齊同地同一。(《人性論》，頁89)

這就是有名的「自然齊一性原則」(Principle of Uniformity of Nature)。依休謨之意，如果我們能夠建立這個原則，我們就有合理的根據去作因果推論，即，建立因果推論的確定性。換言之，這個原則可以使得因果推論成爲一種中效的推論。有些論者認爲這個原則既含混又實在達不到使歸納推論中效化的目的❸。但是，依休謨之意，這個原則目的只在證成一般由因到果的推論，故此，雖然這個原則有含混之處，也可以達到論證的目的。如果要精確一點，休謨也應當可以接受把它改寫爲類似:「如果相似於A的對象有相似於B的對象相隨，而且現在A出現，則B將相隨出現」之類。至於個別的歸納推論所需要的相應原則，則可視爲這個普通原則的個例。至於爲何休謨沒有詳細地分析這個原則的內容，或者是由於休謨的分析結果是消極的，所以這個原則是否眞能中效化因果推論就變成並不那麼重要的一回事。

休謨進而分析這個原則是否有理性的根據。這種根據只有兩種可能，依休謨的用語是「知識」(knowledge)或概然性(probability)，也就是說，它的根據或是可以有結論性的證據，因而建立最高的確定性，或沒有前者的結論性證據而只有較低程

---

❸ 參見 Morris R. Cohen 與 Ernest Nagel 合著 *An Introduction to Logic and Scientific Method* (New York, Harcourt, Brace & World, Inc., 1934)。

度的證據來支持。休謨認爲我們不可能有任何演證的論據 (demonstrative argument) 去證立自然齊一性原則，因爲，最明顯的反駁是，自然之改變它的歷程是可以構想的。這就表明將來之經驗或個例不必依前此之方式出現。至於從概然性去建立這個原則方式，休謨指出，這種概然的推論是關於對象方面的關係，因而必然建立在有關的知覺經驗上。因此，這種推論總是由觀察到的對象而推論到這個經驗之外的對象。但是，提供這種對象的連結的關係只有因果關係，而因果關係的建立卻又是假定有這種自然齊一性的。因此，這樣去證立自然齊一性必定陷於循環論證。

休謨的分析顯示出任何用以證成歸納推論的原則必定涉及過去與將來事件之間的某種相似或相連結的關係，一方面，這樣的原則不可能抽離經驗來被證立，因爲，如果這樣是可能的話，則這個原則將是一些分析語句或恆眞式，但分析語句或恆眞式顯然不足以使一個歸納推論成爲中效的推論。另一方面，它也不可以由經驗來證明而不陷於循環論證，因爲，能夠證立它的經驗證據必然包含了將來的個例與過去的個例爲相似，因此，任何從經驗作出的證成論據都不可避免是陷於循環論證的。因此，休謨乃宣稱任何證成因果推論的論證都是循環的。這就是歸納法之證成問題中的循環論 (Circularity Thesis)。

現在我們可以進一步釐淸休謨的懷疑論。但是，首先要確定的是休謨是否作出了這樣的一個結論。因爲，休謨在論證了因果推論的基礎不是理性，或理性並不提供從因到果的推論之後，即轉到對心靈過轉的分析與說明，並沒有說明這個結論的確實意指。這個結論可以是破壞性的懷疑論，也可以是止於較溫和的可謬論而已。而且根據休謨在其後的章節中的表示，他似乎並不一定認爲因果推論是完全不合理的。例如，在《人性論》第一卷第三部第十一章，休謨認爲把一切推理分爲知識與概然性並不能夠把由因果關係而來的論據安排得恰當。因此，他提議依證據的不同程度，把人類理性或認知分爲三類，卽，知識的 (knowledge)、證明的 (proof) 與概然性的 (probabilities)，並對這三者作出這樣的說明:

> 所謂知識，我意謂從觀念之比較而生起的確定性。所謂證明，是指那些由因果關係而衍生的而且完全免於疑惑和不確定性的論據。所謂概然性是指那些仍然帶有不確定性的證據。(《人性論》，頁124)

雖然在這個區分之中休謨仍然把因果推論的確定性置於觀念比較或演證推論之下，但是因果推論也是完全免於任何疑惑與不確定性的。這種提法似乎直接違反休謨在前面所努力建立的論題，卽，因果推論所得的結論是不確定的。這是令論者非常困惑的❹，而這幾章，卽第十一至十三章，也是令論者難於措手的文獻。我認爲這幾章的疏解如採用前面的消極與積極兩個階段的分析，而以這部份爲休謨用以顯示的積極建構，卽心靈在認知方面的運作方式的一些個例或推廣，則休謨上述的界定與隨之而來的以心理運作來論述這些「其他種類的推理」(《人性論》，頁124)

❹ 參見史托夫之*Probability and Hume's Inductive Scepticism*，頁41及此書附錄之 (ii)，頁118-125。

就是很自然的表達方式了。在這段引文中，休謨意在陳示出因果推論與其他關於經驗或實然的事實之推論在心理影響上的不同。因果推論在心理上的影響是一致的，因爲它所涉及的因與果是有恒常聯繫的表現，心靈是不由自主地，也就是所謂必然地，從因之出現過轉到果的觀念上去。至於其他的推論，卽概然的推論，它們或是只有較多的連結，甚至有相反的結果出現，所以，心靈在這裏的過轉並不是單向的，常常有內部的衝突，因而帶有不確定性。這裏所涉及的確定性或不確定性純粹是就心靈過轉的表現來說的。至於觀念比較所具有的演證的或直覺的確定性是由理性所決定的，可說是不同類的確定性。換言之，休謨在前面提到的觀念之比較與實然的事實之間在確定性方面的差異，是一種認知上的確定性（epistemological certainty），而在這裏依心靈過轉而提出的區分則是一種心理上的確定性（psychological certainty)。因此，因果推論在認知上缺乏確定性並不妨礙它可以在心理上具有確定性。事實上，休謨的分析最主要的一個目標就是建立並說明這一點。

釐淸了這個區分之後，我們可以把焦點集中在認知的確定性上。如果在認知上只有演證的確定性（休謨所謂的直覺的確定性可以包含在內）或不確定性，那麼，休謨之認爲因果推論——卽歸納推論——是缺乏這種確定性，因而是一種不中效的推論，是否卽爲不合理的(unreasonable)推論呢？在一個意義之下，休謨認爲這種推論並不是理性(reason)所支持的，它卽是不合理的推論。但是我們仍要進一步理解這樣說的不合理是否只限於它之不中效，抑或是指它的結論並不比它的反面更爲合理。前者只是可誤論，後者才是懷疑論。衡諸本節開首所引的例子，卽「太陽明天將不會升起來」與「太陽明天將會升起來」這兩者，休謨似乎給我們一個很強烈的印象他是要論證出歸納的懷疑論。同時，綜觀休謨的整個哲學系統，歸納的懷疑論似乎較能貫徹他對人性的觀點及心靈運作的原則。因此，我們嘗試進一步引述有關的文獻去充實這個懷疑論的內容。

在認知的角度上來說，因果推論與休謨所謂的概然性或概然的推論 (probable inference) 是同類的。這一點可以從下面兩個文獻看出來。在區分了因果推論與概然推論的不同之後，休謨進一步把概然性分為機會 (chance) 與原因 (cause) 兩種，前者乃是原因之否定（《人性論》，頁125)，後者仍是倚賴於原因與結果頻密的聯繫（frequent conjunction）。因此，原因之概然性與因果推論對於習慣的養成與觀念聯想的建立，乃是一個從沒有任何聯想的開始，經歷一個漸進的不同程度的聯想的歷程，而達到完整的連結。休謨是這樣描述這個歷程的:

> 第一個個例只有很少或沒有力量；第二個個例增加了一些；第三個個例變得更為可感受到；而我們的判斷是通過這些緩慢的步驟而達到一完全的確定。但是，在它達到這種完美的程度之前，它經歷了不同的較弱程度；而它們全部都只被視為一種推測或概然性。因此，從概然性到證明之漸變在許多情形中是沒有分別的；而且，這些不同類別的證據之間的差異在距離遠的程度比在接近的與鄰接的程度較為容易知覺得到。(《人性論》，頁130-131)

雖然休謨的著眼點仍然是證明與概然性在心靈上的影響力，但是，這同時表明了在休謨心目中兩者的差異只是程度上的差異而不是性質上的分別。如果以證明與兩類概然性，即機會與原因作一排列，這三者是在同一個連續體（continuum）之上，大抵證明與機會各在一端，而原因之概然性則是中間連接者的部份。

另一方面，休謨最後重申他在前面關於恒常聯繫所得的結論時，他把頻密連結與恒常連結並列其中，可見它們在認知上具有同等的地位:

> 我們甚至在得到對象之頻密的或恒常的聯繫之觀察之後，仍然沒有理由從我們所經驗過的對象，去抽繹出關於這些對象之外的任何對象之推論。(《人性論》，頁139)

由此可見，雖然休謨區分了因果推論與概然推論之不同，但在認知層次上，兩者並無差異。也許在休謨來說，論證了因果推論這種具有恒常聯繫的推論爲缺乏理性根據之後，其他連恒常聯繫都談不上的關於經驗或實然事實的推論就更不必多論了。此所以在涉及認知的確定性的問題時，休謨常常只指出讀者可參看前面關於因果推論的論據即可。(《人性論》，頁126,139等)

從這些文獻分析確立了因果推論與概然推論爲同類之後，我們乃可以借助後者的一些文獻來表達休謨的懷疑論。在分析原因之概然性時，休謨指出:

> 我們可以觀察到，沒有任何概然性是那麼鉅大以致不容許一個相反的可能性；因為，如果這樣，它將不再是一概然

> 性，而將成為一確定性。(《人性論》，頁135)

這裏所提的確定性可以有兩種意指。一種是指演證的確定性。若這樣理解此詞，則所謂「相反的可能性」是指邏輯的可能性。那麼，這種概然性與前述因果推論並無不同。但由文獻脈絡來看，這裏所提的確定性似是指類乎因果推論中所說的確定性，即，因與果之恒常聯繫。而概然性在有關的事實方面的確定性是次於這種因果推論的。但是，在認知的確定性上，這兩者實無差異，因果推論所得的確定性顯然也不能達到把相反的可能性完全排除。當然，在不是恒常聯繫的例子中，其可能性更因相反結果的出現而建立起來。換言之，不管所觀察到的因與果的連結是如何，一個相反的結果之出現總是可能的。這種可能性本身可說是原因的否定，也就是一種機會的概然性。在任一因果的個別事例之中，

> 每個過往的實驗都可以被視為一種機會；我們是不確定將出現的對象是符同於另一實驗與否的，而且由於這個理由，每一樣說及其中一項的事物都可應用到兩者之上。(《人性論》，頁135)

換言之，由於相反的結果之可能性，使得每一個別的事件中，跟隨某一原因而來的結果乃是不確定的。這種不確定性使得休謨在機會或在原因之概然性所得出來的結論是可以同樣應用到這兩種概然性的。這就是說，休謨分析機會之概然性所得出的結果是同樣適用於原因的概然性，因而也同樣適用於因果推論或所謂「證

明」上去。由此，我們可以把一切概然性的推論包括因果推論都化約爲關於機會之推論。因此，歸納推論也不外是一種關於機會的推論。這一點可總結爲下列的命題:

(Ⅳ) 所有歸納推論的結論都是關於機會推論結論。

在關於機會之概然性之分析中，休謨首先指出這種推論對結果爲何是沒有任何偏向的，沒有任何一個機會之情況比另一個更高，除了它可能在有較多的同樣機會的結合之下而顯得比另一個機會爲高。例如，如果一個骰子有四面是同樣的點而其餘兩面是另一個點數，則，前者會有較高的概然性。但是，休謨卻認爲這種較高的概然性只是心理的，在認知上卻沒有理據可以建立:

> 我們可以在此重複我們在考察由原因而產生的信念所曾運用的一切相同的論據；而且可以在同樣的方式之下證明一個較高數目的機會既不能由演證 (demonstration)，也不能由概然性 (probability)，使我們產生同意【其為有較高的概然性】。很明顯，我們永遠不可能由純然觀念之比較得到任何發現是對這個情況有任何後果，而且，我們也不可能帶有確定性去證明任何事件必定落在有較高數目的機會的那一邊。(《人性論》，頁126)

正如因果推論或一切歸納推論一樣，關於機會之概然性之推論也是不確定的。而且，縱使在有較高數目的機會出現的時候，我們也沒有任何理由支持下一個結果必在這一邊出現。休謨並進一步指出所謂較高數目的一邊會有較大的機會性（likelihood）或概然性（probability）並沒有提出任何理由來，只不過是說了像「較高數目的一邊有較高數目」這類重複語句而已。關於機會的結論自然也可用於有恒常聯繫的情況，恒常聯繫只表示在過往的情況中它的概然性非常高而已。恒常的聯繫並沒有使「太陽明天將會在東方升起來」比「太陽明天將不會在東方升起來」更爲有理由。換言之，我們得出這樣的結論：

（Ⅴ）沒有任何關於機會之推論之結論比它的否定是更爲合理的。

由（Ⅳ）與（Ⅴ），我們就可以得出所謂的歸納的懷疑論：

（Ⅵ）沒有任何歸納推論的結論比它的否定是更爲合理的。

換言之，在觀察到許多烏鴉都是黑色之後，我們仍然不能說「所有烏鴉是黑色的」比「所有烏鴉不是黑色的」或「有一隻烏鴉不是黑色的」更爲合理，猶如在經驗了無數次早上太陽從東方升起之後，我們仍然不能說「太陽明天將會升起來」比「太陽明天將不會升起來」更爲合理。這個結論顯然是比「可誤論」和「循環論」更爲極端，不但一般哲學家難以接受，即使是奉休謨爲先驅的邏輯實證論者也不能照單全收，要爲歸納推論的證成而奮鬥，希望能避免這一頗爲極端的結論。

二、檢證理論與顧特曼詭論

由於休謨的懷疑論過於極端，而又似乎違反常理常識，因而可說是當代科學哲學家所最爲用力去化解的一個論題。化解這個論題的基本方式是，論證相對某些觀察數據，某一命題或假設具有某些合理的成素使得它比較其他命題更可能爲眞。邏輯實證論者的回應是建構一個檢證理論，用以評估一觀察數據對一科學理論的支持或反對，或觀察數據與假設之檢證（confirm）和反檢證（disconfirm）的關係❺。兩者的關係可以簡單地如此說明：對於任一假設H：「所有S是P」來說，任何是S的事例，如果它同時又具有P的性質，即 Si•Pi，則它是H的一個檢證個例，因爲它是H的一個個例化的例子；如果S並不具有P的性質，即 Si•～Pi，則它是H的一個反例，因而反檢證了H。至於其他不是S的事物，則理想上，是與H之檢證與否是不相干的，雖然要建立這種「不相干個例」並不容易達致❻。

換言之，對於如H1：「所有翡翠玉是綠色的」，E1：「第1塊被觀察到的翡翠玉是綠色的」乃是它的一個檢證的個例，而E1′：「第1塊被觀察到的翡翠玉不是綠色的」則是它的反例，也就是

---

❺ 邏輯實證論在此方面的建構可以漢普爾（Carl Hempel）的著述爲代表，請參閱他的 *Aspects of Scientific Explanation*（New York: The Free Press, 1965）第一部份第一章 "Studies in the Logic of Confirmation" 及此書之參考書目所列的有關文獻。

❻ 此中的困難引出著名的「烏鴉詭論」(Raven's Paradox)，請參閱前注所引漢普爾一文。有關的討論請參閱 Israel Scheffler 之 *Anatomy of Inquiry* (New York, 1963)。

對它的一個反檢證。至於觀察到其他的事物，如一隻黑色的烏鴉則爲與 H1 爲不相干的事例，即既沒有檢證它，也沒有反檢證它。而且，E1否證了諸如H1′:「沒有翡翠玉是綠色的」或H1″:「所有翡翠玉不是綠色的」，而 E1′ 則檢證了 H1′ 和 H1″。因此，一般而言，相對於某一個或某一組被觀察到的數據來說，一個假設和它的相反的假設不會是受到同樣支持，即，它們在得到觀察數據方面的支持是有差異的，因而不會是同樣地合理的。因此，如果這個檢證理論成功，則可消解休謨的懷疑論。

但是，這個看來合理的檢證理論卻遭遇到一個頑強的詭論。這個詭論是顧特曼 (Nelson Goodman) 首先提出的❼。他指出，如果我們依一般的歸納推論的方式，例如，在觀察到 n 塊翡翠玉都是綠色的，我們可以形構出 n 個類似 E1 的命題:

E1: 第 1 塊被觀察到的翡翠玉是綠色的

E2: 第 2 塊被觀察到的翡翠玉是綠色的

…

…

❼ 顧特曼最早在“A Query on Confirmation”(此文刊於*Journal of Philosophy,* vol. xliii, 1946, 頁 383-385)，和 “On Infirmities of Confirmation theory” (此文刊於*Philosophy and Phenomenological Research,* vol. 8, 1947, 頁149-151) 兩文中提出此觀念。其後在 *Fact, Fiction, and Forecast* (London: University of London, 1955; second edition, Indianapolis: The Bobbs-Merrill Co., Inc., 1965) 一書更明確以「新歸納法之謎」名之。詳論請參閱該書第二版之第三章，頁59-83。

En：第 n 塊被觀察到的翡翠玉是綠色的

而這些命題檢證了 H1：「所有翡翠玉是綠色的」。但是，顧特曼指出，如果我們界定一個新的詞項「盭色」爲「在公元二千年前被觀察到而是綠色的，或在公元二千年後被觀察到而是藍色的」，則上述所觀察到的翡翠玉都是在公元二千年前而且是綠色的翡翠玉，因此，我們可以有這樣的一組觀察數據：

E1′：第 1 塊被觀察到的翡翠玉是盭色的
E2′：第 2 塊被觀察到的翡翠玉是盭色的
…
…
En′：第 n 塊被觀察到的翡翠玉是盭色的

而它們卻檢證了 H2：「所有翡翠玉是盭色的」。但是，H2 卻與 H1爲不相容的，因爲，H1 預測在公元二千年後的翡翠玉是綠色的，而 H2 卻預測爲是盭色的，即是藍色的。這就是顧特曼稱爲「新歸納法之謎」(New Riddle of Induction) 的「顧特曼詭論」(Goodman's Paradox)。

表面看來，這個詭論有明顯的特點可供攻擊，如「盭色」這個奇特的詞項，應是不難化解的。但是，經過不少科學哲學家的反覆分析和爭論，動用了不少現代的概念和技巧，諸如「位置性」、「似法則性」、「邏輯闊度」、「隨機性」等等，都未能逃脫丐詞或循環論證的困境❽。另一方面，這個詭論的應用非常廣泛，因爲

❽ 關於這方面的分析請參閱我的博士論文 *Goodman's Paradox*（美國南伊利諾州大學，1980年），第二及第三章。

「公元二千年」一詞可以改用任何在目前觀察數量之外的項目，這可以是時間上的、空間上的、重量上的、體積上的等等。例如，相對牛頓的萬有引力定律：F=G•M1•M2/D•D，我們可以有一「盞化的」萬有引力定律：F=G′•M1•M2/D•D，而在公元二千年前G′=G，在公元二千年後G′=2G。在目前，即公元二千年前，我們並沒有任何觀察數據足以否證盞化的定律或檢前者而不同時以同樣的程度檢證後者。由此可見邏輯實證論者的檢證理論並不能解決休謨的懷疑論。

事實上，「顧特曼詭論」誠如顧特曼所指出的是休謨的論題的現代版，這是因爲它涉及歸納推論的一個根本困難，即證據與假設的距離，使得它不容易得到解答。而且，也由於這個原因，使得它不只是檢證理論所特有的困難，而是一切科學哲學，包括波柏（Karl Popper）的「否證論」，所共有的困難❾。

三、歸納法的證成

雖然休謨承認人類在從因到果的心理過轉方面具有不可爲理性動移的確定性，同時現代哲學家都接受歸納推論是一種非演繹的推論，因而是演繹地不中效的。但是，休謨的歸納的懷疑論卻使得運用歸納方法，也即是科學方法，並不見得比其他推論的方式更爲合理，也就是說，科學知識並不比其他的信念，如迷信，更爲合理。因此，休謨的歸納法問題乃成爲近代反省與探求科學

❾ 此點首先由 Wolfgang Stegmuller 指出，參見其 *Collected Papers on Epistemology, Philosophy of Science and History of Philosophy*, 第二卷，頁92。

知識的基礎的哲學家所極爲關注及亟想解決的一個論題。嘗試以各種理據去建立歸納推論的「合理性」，乃滙成歸納法的證成的多方面討論。這方面的討論與文獻非常之多，除了上述邏輯實證論的解答之外，本節只就其中的三個重要證成方式加以介紹，以見休謨問題的性質。

雖然休謨已分析了用諸如自然齊一性原則來證成歸納法總免不了陷於循環論證，但自然齊一性或其相近的觀念卻是歸納法的依據，因而藉歸納經驗以論證歸納推論的合理性乃是一自然而有力的構想。近人依此構想了另一個類似而精巧的方式去證成歸納論據，此即布立克 (Max Black) 之「自我支持的歸納論證」(Self-supporting Inductive Arguments)。這個論證基本上是依據歸納推論規則在過去的使用上的成功，即從多樣的情況下的使用由眞的前題或事例而得出眞的結論，來論證同一的規則在下次的使用時也會成功。布立克的論證，稱之爲K論據，是這樣的:

> 在大多數使用R的論據中，而這些論據是以在廣泛多樣的情況中檢查爲眞的前題作出的，R都是成功的
>
> 因此（或然地）
>
> 在將會遇到的R的下一次以一眞的前題爲論據的使用中，R將會成功。

而在上述論據中所提到的歸納推論的規則R是:

從大多數在廣泛多樣的情況中檢查過的A為B，推論（或然地）下一個遇到的A將會是B。

因此，第二序的論據K運用規則R來證明同一規則在下一次的使用時也會成功，即從眞的前題得出眞的結論。由於這個論證運用了規則R在以前的使用經驗中的成功表現，所以被稱為「自我支持的歸納論證」⑩。

這樣的一個論據自然引起循環論證的指責⑪。然而，布立克認為，雖然這個論證運用了R的推論形式，但它既沒有預設其結

---

⑩ 布立克的論據首先見於他的 *Problems of Analysis* (Ithaca: Cornell University Press, 1954) 一書，其後再重述於 "Self-supporting Inductive Arguments" 一文；此文原刊於 *Journal of Philosophy* (vol. 55, 1958)，頁 718-725，後收入 Richard Swinburne 主編之 *The Justification of Induction* (London: Oxford University Press, 1974)，頁127-134。

⑪ 參見 Wesley C. Salmon 之 "Should We Attempt to Justify Induction? "一文。此文原刊於*Philosophical Studies* (vol. VIII, No. 3, 1957)，頁 33-44，後收於多本論文集，本文引自 H. Feigl, W. Sellars 和 K. Lehrer 主編之 *New Readings in Philosophical Analysis* (New York: Appleton-Century-Crofts, 1972)，頁 500-510；及參見 Peter Achinstein 之 "The Circularity of a Self-supporting Inductive Argument" 和 "Circularity and Induction"，此兩文原分別刊於 *Analysis* 第二十二卷 (1962)，頁138-141和第二十三卷(1963)，頁123-127，後收於 Richard Swinburne 主編之 *The Justification of Induction,* 頁134-138 和頁 140-144。

論爲眞，也沒有以R或其引申的結果作爲K的前題⓬。但是，布立克也承認在使用 K 時，是假設了 R 的正確性，也正是在這一點上，亞堅斯坦 (Peter Achinstein) 指出他的論據犯了循環論證。這種循環是由於所要論證的是規則R的或然性，而所用的論據之爲有效卻必須假定R爲正確的，卽具有起碼的或然性⓭。亞堅斯坦且構造出一個類似「自我支持」而實不成立的演繹推論K′:

> 沒有使用 D 作爲它的推論規則的論據是一個含有以「所有」爲開始詞項的前題的論據。有些論據含有以「所有」爲開始詞項的前題是中效的論據。
>
> 因此:
>
> 所有使用D作爲它們的推論規則的論據是中效的。

而這裏所用的不中效的推論規則D是:

> **從沒有F是G和有些G是H去論證所有F是H。**

⓬ 參見上引布立克一文及他回應 Achinstein之批評的一文"Self-support and Circularity, A Reply to Mr. Achinstein"，此文原刊於 *Analysis* 第二十三卷 (1963)，頁43-44。此文後收於 *The Justification of Induction*, 頁 138-139。

⓭ 參見 "The Circularity of a Self-supporting Inductive Argument", *The Justification of Induction*, 頁 141-143。

由於D是不中效的，因此 K′ 也不中效，因此，這個論據自然不能說爲是對D自己爲有任何支持之可言[14]。換言之，除了循環論證之外，布立克的自我支持論證也不可能對歸納推論有任何支持之可言。

第二個關於歸納論證的解決是依語言分析的進路而有的解答。這類的解答實不是正面的回應，而毋寧是一消解（dissolution)。史特羅遜 (P. F. Strawson) 的分析可說是一個典型[15]。他指出，傳統和一般對歸納法的證成都不免陷於循環論證，或是企圖把歸納法變爲演繹法，都是徒勞無功的，而且把問題誤解了。事實上，我們只可以依據歸納的法則去檢查某一個歸納推論是否正確，卽，是否是一個正確的歸納推論，而不能整體地證成歸納法，因爲，這樣卽無標準可作憑依。史特羅遜並指出，如果所謂的對歸納法的證成是指論證歸納法是否合理，則唯一的疏解就是：歸納的卽是合理的。因爲，這正是我們在這個場合一般使用「歸納的」一詞的意思。但是，正如沙里文 (Wesley C. Salmon) 所指出的，「證成」一詞在此可有兩個意思[16]。其一是指「中效化」(validation)，而這是相當於要求歸納法成爲演繹法，但這並非尋求證成的唯一取向。而證成的第二個意思是「辯解」(vindication)，卽，證明採取某些方法是最有效地達到所

---

[14] 同上，頁143。

[15] 參見史特羅遜之 *Introduction to Logical Theory* (New York: John Wiley & Sons, 1952)，第9章。此部份曾收進多本文集。本文引自 *New Readings in Philosophical Analysis,* 頁491-499。

[16] 沙里文引用的是 H. Feigl 所作出的一個區分，參見 *New Readings of Philosophical Analysis,* 頁504。

追求的目的⑰。而這一意義的證成卻不能單由「歸納的即是合理的」來回答，因爲，如果以「歸納的」等同「理性的」，則這只不過是一循環論證。另一方面，歸納法只不過是許多不同的非演繹的方法之一種，而且歸納法之中也可以有不同的歸納規則，它們的表現各各不同，因此有必要作一證成，以見出歸納法或某一歸納法規則爲可以達到追求合理信念的方法。這即是沙里文嘗試繼承和發展萊恩巴哈 (Hans Reichenbach) 所作的「實用的證成」(pragmatic justification)。

實用的證成主要是指出：雖然我們不能假設自然是齊一的，因爲，這將是循環論證，但是，我們卻可以設想自然是齊一的和不齊一的兩種可能中，歸納推論或某一歸納規則相對於其他非演繹推論的方式有何優點。在此，歸納法被視爲是擴展知識的，而沙里文指出，如果自然是齊一的，則「枚舉歸納法」(Rule of Induction by Enumeration) 可以成功，而其他方法失敗；如果自然是不齊一的，則歸納法也和其他方法同樣失敗。因此，枚舉歸納法雖不能保證從眞的前題一定可以得出眞的結論，而這也是一切非演繹方法所作不到的，但是，它卻具有一個優點，就是在有可能準確預測未來的情況下，它可以成功而其他方法都失敗。這即證明在達至對自然未來的合理信念上，歸納法是唯一能成功的方法。這即是歸納法的實用的證成⑱。

沙里文在論述對枚舉歸納法的證成時也意識到顧特曼詭論對

---

⑰ 同上，頁504-506。

⑱ 詳細的陳述請參閱沙里文之 "The Pragmatic Justification of Induction" 一文，此文收於 *The Justification of Induction*, 頁85-97。

他的證成會構成威脅，但認為只要對歸納所用的詞項加以適當的限制，即可免除此詭論的破壞。然而，正如上節所指出的，沙里文所用的「詞項的位置性」並不成立，不足以排除盉化的謂詞，因此，這一實用的證成也不能證明枚舉歸納法必能得出唯一而又合理的結論。由此可見，顧特曼詭論的頑強性，而這也足以說明它確是休謨對歸納推論所作成的結論的現代版本。

第五章　外在世界與人格同一性

在詳細分析了因果觀念之後，休謨在《人性論》第一卷的最後的第四部份引論出由對人類理解能力之有限性，而有的關於人類在認知方面的懷疑論。除了上述在知識的分析外，休謨還進一步分析了兩個主要而仍備受現代哲學家所關注的課題，此即關於外在世界的存在與人格同一性的問題。本章先析論這兩個論題，然後結以休謨的懷疑主義。

一、外在世界之論證

關於外在世界存在的問題，休謨是連著對於感官的懷疑論來討論的。但對於外界存在的觀念，在《人性論》的較前章節中，休謨已經有一分析，而這可以作爲這個問題的起點。在《人性論》第一卷第二部第六章，休謨首先指出我們並沒有不同於對象之知覺之外的存在之觀念 (idea of existence)。是以休謨說:

> 這個【存在】觀念，當被加到任何一個對象之觀念時，並沒有對它加添些什麼。我們所理解到的任何東西，我們都理解為存在的。(《人性論》，頁67)

換言之，存在並不是一個獨立的觀念，也沒有相應於它的印象可言。在上述的引文中，休謨似乎是說當我們知覺到對象時，我們是同時知覺到它們是存在的。但是，這並不意謂這些對象是存在於我們的知覺之外的。由於休謨認爲「存在」這個觀念與「外界存在」(external existence)的觀念同樣爲沒有獨立的印象與之相應的，相類似的推理可同樣用到它們身上。而在關於外界存在方面，休謨的論據說得比較清晰。因此，我們可以以這一方面的文獻來展示休謨對「存在」和「外界存在」的觀念。對於「外界存在」，休謨說:

> 我們可以觀察到，這是哲學家們所普遍地容許的，而且除此以外，它自己也是相當明顯的，卽，在心靈之前呈現的除了是它的知覺或印象與觀念之外，確實再沒有其他東西，而外在對象也只由於那些它們所引生的知覺而方為我們所認知。在憎惡、愛戀、思想、感覺、看見時，這些都不是別的，就是去知覺。(《人性論》，頁67)

如果心靈所有的一切只是知覺，而沒有知覺之外的對於對象的認識的可能，則對於存在於我們的知覺之外的對象就不可能有知識之可言。而存在以至外在世界的存在之觀念只不過是想像的結果。休謨甚至認爲，作爲指涉不同於我們的知覺的某些東西的「外界存在」這一概念是荒謬的(《人性論》，頁188)。在第四部第二章重新討論這個問題時，休謨卽首先指出，關於外在物體的存在，是不可能以任何哲學的論據去證明的，但自然卻不會容許這麼重要的一個信念托付給我們的推理與玄想去決定。換言之，我們是不經由理據便接受外在世界的存在，而這是我們一切推理所視爲當然的（《人性論》，頁187)。對於這個論題，休謨認爲所要討論的是：是什麼原因使得我們相信外物的存在，而不是：是否有外在於我們的物體的存在。一方面，如上所述，休謨認爲此概念是荒謬的，而我們實不必也不能論證它。另一方面，依休謨的哲學取向，眞正重要的是我們如何產生這樣的一個觀念，在說明它的產生過程中，這個觀念的認知意義與地位也同時確定，如是，它之是否有客觀實在性也就得到解答。因此，休謨對這個問題的討論重點乃是它如何產生的。

休謨認爲在討論這個論題時，爲免無謂的混淆，我們應作一區分，卽區分爲：

> 為什麼我們會把一持續存在賦予給對象，甚至當它們不呈現在感官之前；和為什麼我們假設它們具有一不同於心靈與知覺的清晰存在。（《人性論》，頁188)

休謨同時指出，一持續存在的對象自然有不同於心靈與知覺的清晰存在，反之，一具有獨立於心靈與知覺之外的清晰的存在，自然涵蘊它不在心靈知覺的時候仍然持續存在。但是，這兩個觀念卻並不相同，適宜分別處理。在這個區分之下，我們可以分別就感官、理性和想像力去考察這兩個觀念是如何產生的。休謨的分析集中在對象的持續存在方面的分析，認爲這是人類首先形成的觀念，而對於這個觀念所達成的結論可同時適用於淸晰存在上去。

先從感官方面考察。在「持續存在」方面，休謨認爲這相當於有不知覺之知覺，因而對於感官來說乃是一自相矛盾的概念，即，假設感官在停止運作的時候仍然運作，這是不可能的。因此，這個觀念決不是由感官所產生的。另一方面，這個觀念似表示感官提供不同於心靈與知覺的存在給我們，但是，

> 我們的感官之不提供它們【即感官】的印象作為某些不同的，或獨立的，而且外在的物體之影像，乃是很明顯的；因為它們只不過傳達給我們一個單一的知覺，而從來沒有提供有在此外的任何物體存在的任何暗示。一個單一的知覺永遠不可能產生一雙重存在 (double existence) 之觀念，這只能由理性或想像力的某種推論才可以被給出。(《人性論》，頁189)

因爲我們感官所知覺的全都是印象，它只能提供的是這一知覺的存在。它不可能在同一知覺中同時提供這一知覺爲一存在，而且同時有一有別於這一知覺的對象之存在，即，它不能提供一雙重存在這樣的一個觀念。因此，如果有這樣的一個雙重存在之觀念，而我們卻實在有之，則它只可能是理性或想像力所產生出來的。同時休謨指出，如果有外在於我們的對象之觀念，則對象與我們自己必是在感官中可以區分出來，例如看到在我們的身體外的物體：這在我之外的紙張，紙張外的書桌，書桌外的窗，窗外的山河大地，由是而有我之外的物體存在；而這也是我們一般的推論外在世界存在的方式。但是休謨認爲此中有虛幻，因爲，我們所知覺到的我的身體實與其他知覺無異，心靈何以賦予這些印象以獨立存在是很費解的；其次，沒有廣延的聲音、味道等卻也常被賦予外界存在的身分，即前者的外界存在的身分不能由於它

們特有的廣延性而確定；第三，最理性的哲學家們都同意，沒有理性及經驗之助，單靠視覺並不能提供我們以外在和距離的知覺。因此，感官不是這兩個觀念產生的原因。

至於理性方面，休謨的論證更為簡捷，因為，人們對於諸如聲音等之賦予一外在而繼續的存在，並沒有徵詢理性或任何哲學原則。一般的農夫、小孩，以至絕大多數的人都對某些知覺而不是其他的知覺賦予外界存在，而絲毫不知與他們意見相反的哲學論證。因此，這一肯定外界存在的不合理的情感（sentiment）必不是知性，而是其他的機能（《人性論》，頁193)。同時，休謨指出：如果知覺等同於對象，則從任一者之存在都不可以推論出另一者之存在，而且也不可以依因果關係形成一論據。休謨在此是意謂如果兩者都是由感官所同時給出，即上述所謂的「雙重存在」，則此中既無推論，也不必推論，更沒有所謂的因果推論之可言。休謨又指出縱使兩者被區分開，仍不可以作出上述的推論；主要是因為：或是知覺只給出印象，外界存在並沒有被給出，或是外界被視為直接地被給出，中間不存在兩者之推論的關係。因此，這兩個觀念都既不是感官也不是由理性所產生的。最後只有從想像力去找出它們的源了。

休謨指出，由於所有的印象都是內在的和在流逝之中的，因此，它們之擁有不同的及繼續的存在必定是由於它們有一些與想像力共同出現的性質，而且這些性質只是某些印象才具有，因為並不是所有印象都被視為有這種持續存在的性質的。但是，休謨指出這種性質不是像一般所以為的，即，印象的非自願性（involuntariness）或強烈的力量，例如那些不管我們是否願意看到的物理對象常在我們張開眼睛時即出現在我們的知覺中，因爲，我們常有的痛苦、快樂、情緒等常是非常強烈和非自願的，但我們並不賦予它們以心靈或知覺外的存在（《人性論》，頁194)。在稍微仔細的考察之下，我們卽發現那些被視爲有持續存在的對象具有一種特有的「恒常性」(constancy)。但由於物體也常在不斷變化之中，這種恒常性並不是完全的，但這正引出它們的第二特性，卽在變化中仍保持其「融貫性」(coherence)。這兩種性質使得印象中的某些對象被賦予外在而持續存在的性質。因此，我們需要進一步考察這兩種性質，以見出它們如何使我們產生外界存在之觀念。

先從融貫性開始：在日常的經驗中，例如，從郵差手中接到一封遠方朋友寄來的信，我們必須假設這封信所經歷過的海洋和地區不因爲在沒有爲我觀察到的時候便不存在，而郵差開門、上樓梯等聲響，以至出現在我面前，都使我不得不假定不在我眼前的大門和樓梯仍然存在於我前此看見過它們的地方，否則我卽難以解除這些日常經驗的矛盾。但是，休謨強調這一設定並不是知性所完成的，因爲，我們對於對象之在我們不知覺它們的時候仍然存在，具有的是習慣或知覺之規律性所能賦予的更強烈的信念。因此，對象之持續的存在不是知性或感官所提供的，而是想像力所虛構出來的。融貫性使想像力容易從一知覺過轉到另一相似的知覺，而視具有融貫性的對象爲一持續存在的對象，則這一過轉更爲自然，而使得心靈最終達到最完全的齊一性，卽所有具有融貫性的對象都具有在知覺外的持續的存在。

但是，休謨認爲單是融貫性並不足夠，必須加上恒常性的運作，才可以對持續存在的產生有比較滿意的說明。首先，休謨指出，單一的知覺只有單一性，而兩個以上的知覺則由於是不同的知覺，只能得出多樣性。而知覺中的對象所具有的恒常性，使我們對其中的對象不能說單一性，但是卻又不願接受其多樣性，因而視之爲在不同的時間中的兩個知覺中的同一對象，構造出對象的同一性（identity）。但是，我們不但賦予在連續知覺下具有恒常性的對象以同一性，而且也把在中斷了的知覺中的具有恒常性的對象賦以同一性。休謨認爲這是一種混淆了相續性爲同一性的表現，而這一混淆使想像力很容易在不同的知覺中過轉，因而很自然地會把相續的對象視爲同一對象。由於不同的知覺爲各自不同，而同一性又要求視之爲同一對象，因此，心靈處於一種混亂狀態之下，休謨認爲心靈在此乃形成一種傾向(propensity)，傾向於把中斷了而又具有恒常性，實質上只是相似性的知覺中的對象，視爲同一對象，因而是一具有持續存在的對象。因此，休謨總結整個運作爲

> 從想像力產生。想像力只由於某些知覺之相似性而被誘導到這樣的一個意見；因為我們發現它們只不過是我們的相似的知覺，而我們有一傾向假設它們為同一的。這個把同一性加於我們的相似的知覺上的傾向，產生一繼續存在之虛構；由於這一虛構，以及那同一性，都真正是假的，而這也是所有哲學家所首肯的，而且這虛構的唯一作用是去補救我們的知覺之間斷性，這間斷性乃是知覺的同一性之唯一對反的情狀。最後，這一傾向通過當前的記憶力之印象而產生信念；因為，如果沒有先前的感覺之相似性，永不會有關於物體之持續存在之任何信念。（《人性論》，頁209-210）

從持續存在之觀念很容易得到外物之不同於心靈與知覺之清晰存在。但是，休謨隨即論證這兩個觀念爲與經驗不符，而他的論證卻由獨立於心靈或知覺之外的對象是一不合理的觀念著手。由於我們所知的只是我們的知覺，而知覺隨知覺感官的情狀而改變，諸如由眼球受壓而有重視，由遠近而有大小、形狀之改變，由疾病脾氣而有知覺內容的扭曲等，由是可知知覺之對象不可能有與知覺不同的獨立存在，也因而沒有在被感知之外，即繼續的存在。換言之，外界存在乃純是一虛構的概念，我們並沒有足夠的理據去證立對象的持續或清晰而獨立於知覺之外的存在。

二、心靈與人格同一性

在心靈的問題上，休謨對一般以心靈爲一實體(substance)作爲知覺的寄存所在的觀點，提出一個基本的反對：

> 正如每一觀念是從一先行的印象衍生，如果我們有實體之任何觀念在我們的心靈中，則我們也必有它的一個印象；這若非不可能，也是非常難於構想的。因為，一個印象除了相似於實體之外，又怎能表象它呢？而一個印象又怎能相似於一實體呢？因為，根據這一套哲學，印象並不是一實體，而且沒有任何實體所特有的性質或性徵。(《人性論》，頁232-233)

換言之，如果心靈作爲一實體之有特殊意義是在於其爲與知覺不同，則知覺無由可以表象實體這樣的一類東西。如果以實體爲

「那可以獨立自存的東西」，則休謨認爲，由於每一知覺都是與其他知覺爲不同而獨特的，則每一知覺都有其獨特的獨立存在，因而都可以說是這一意義下的「實體」。這樣，實體之作爲與屬性等有區分之重要意義即不存在，而這些知覺也不必要這樣的一個觀念來支持它們的存在。休謨甚至認爲關於知覺是否寄存在一實體上的問題爲沒有意義的，因爲：

> 我們除了對印象之外，再沒有任何東西的完整觀念。實體是與知覺完全不同的東西。因此，我們對實體毫無觀念。寄存在某物上是被假設為支持我們的知覺之存在所需要的。而一個知覺之存在似無需任何東西去支持。因此，我們沒有寄存之觀念。那麼我們如何可能回答這個問題，卽，知覺是寄存在一物質的或是一非物質的實體上，當我們甚至並不了解此問題的意義？（《人性論》，頁234）

簡言之，正如對象之無一在心靈與知覺之外的獨立的存在，卽無物質之實體，心靈也沒有實體性可言。而事實上，實體這一概念是與經驗主義之基本原則，卽一切觀念皆來自經驗才可以說有眞實性，爲不相容的。因此，追問知覺所要寄存於其上的實體乃是一不可能回答的，因而是無意義的問題。

如果心靈沒有實體性，也就沒有持續不變的存在，則個體的人格同一性（personal identity）就不好理解。因爲，心靈作爲一個個體的自我（self）的主要表現，也就是個體不同於其他人的地方。自我之成立有賴其自覺爲一持續的存在。沒有了實體的觀念，自我同一性似乎不能建立。對此，休謨有一相當深入，但卻又自認爲不能完全滿意的分析❶。首先，自我作爲一個觀念也必須根源自印象，但休謨指出，在反觀我之自我時，我們所發現的總是某一知覺，我們不可能離開知覺來捕捉自我，但卻又只觀察到一知覺而已。因此，休謨得出這一著名的名言，卽，自我

> 只不過是一束或一集不同的知覺，它們以一不可思議的速度互相承續，而且是在一恒常不斷的流變與運行之中。(《人性論》，頁252)

自我或心靈只不過是一束知覺或印象，並不是某一特殊印象。這些印象都在流逝之中，它們互相承續，在知覺中連綿不斷。如果這一知覺中斷，如在睡覺中，休謨認爲此時這一自我卽可說爲是不存在的。休謨又用舞臺來比喻心靈，知覺千變萬化地在舞臺上頭出頭沒。這裏並沒有簡單性與同一性。同時，休謨警惕我們說，不要把這一比喻中的舞臺執實爲一個實在的東西，因爲這全部就只是一些知覺，再沒有其他的東西。

如果自我或心靈只是一束不斷在前後相續中的印象，人格同一性這一觀念又是如何產生的呢？正如上一節的分析一樣，休謨首先指出，我們的經驗中有一些在持續知覺中出現的對象，可以維持不變，而改變的只是時間。由此，我們有自身同一之觀念。我們也有相關的對象而在間斷的知覺中出現，由此而有多樣性。但很多時候我們會把這兩者混同起來，把一些間斷了的知覺中的對象視爲是同一的。構成這樣的錯誤的一個重要的因素是想像力

---

❶ 參見《人性論》之附錄，頁 633-636。

虛構一保持不變者，卽一持續的存在，使這些間斷而相似的知覺被視爲一不斷而不被感觸的知覺的連續體上的兩點，由是成爲同一的對象，使心靈很容易從一者過轉到另一者。心靈的同一性在形構上也是如此，卽，也是由於誤以不斷地轉變的知覺爲同一的心靈的表現。

休謨進一步指出，使心靈如此反應的因素有幾方面。首先，如果對象轉變不多，或轉換的部份所佔的比例不大，則心靈由於很容易從一者轉到另一者，故此前後不完全相同的一對對象卽被視爲是同一的。其次，如果這些部份具有一種共同的目的，則縱使所轉換的比例相當高，仍會被視爲同一的東西，如一艘修補過的船隻或一幢重建的教堂，雖然所具有的形狀或材料已相當不同。又如果這些部份更具有共感的共同目的而互相支援的，而且其轉變是這類東西的一種常態，則縱使前後的共同成素已不存在，仍會被視爲同一的，此如動植物的同一性。人格同一性在構成方面相當類似於動植物的同一性，但另有其獨特的性質。

嚴格來說，組成心靈的每一淸晰不同的知覺，都是一淸晰不同的存在，而可與其他知覺區分的。然而，我們仍然視這些淸晰不同的知覺爲由一同一性所結合起來，成一同一的自我。休謨乃提出他的典型問題：「這一同一性是否是一眞的連結我們多個知覺在一起的東西，或只是在想像中聯想起它們的觀念而已？」(《人性論》，頁259)，而休謨的回答卻很簡單：由於知性從來沒有在對象中觀察到任何眞實的連結性，因此，

> 同一性並不眞屬於這些不同的知覺，而且把它們連結起來；同一性只純然地是一性質，而由於當我們反省這些知

> 覺時，在想像力中把它們的觀念結合在一起，我們才把此性質賦予給它們的。(《人性論》，頁260)

換言之，同一性並不眞是知覺所具有的性質，不可以藉觀察而可得知。休謨也說，如果一個單純的知覺不給出這一性質，如一簡單的饑餓的印象，則其他知覺的增加也不可能會給出這樣的一個性質。是以，正如上一節所論證的，同一性不由知性，也不由感官而來，它必來自我們的想像，因而也就是一虛構的觀念。

休謨嘗試進一步說明這個觀念如何從想像力產生出來。能夠在想像中把觀念結合起來的關係只有三種：時空的鄰接性、因果性和相似性。換言之，觀念之同一性只能從這三種關係形成。休謨隨即認爲鄰接性在此並無作用，而集中討論其餘兩種關係。其中一個理由也許是由於目前所討論的是關於不同的知覺之間的關聯，而非一知覺中的對象之間的關聯；知覺之間只在時間上相鄰接，而這一點似無關乎人格同一性的產生，因爲，相鄰接的知覺常互不相干，不若某些不相鄰接的知覺爲可影響心靈的運作❷。也許更明確的是，休謨認爲知覺的相鄰接並不使得心靈在過轉中變得更順利，而它們的因果關係和相似性，才是使它們被想像力

---

❷ 史特勞德（Barry Stroud）認爲休謨此處輕忽了鄰接性的作用，參見其書第六章註一，頁 260。但至於史氏認爲相鄰接在第一人身的心靈方面仍有結合不同知覺的作用，則有失休謨之注意力是在心靈之過轉上，而相鄰之知覺卻常風馬牛不相及。至於史氏認爲這可能表示休謨此一判斷是指對第三者的心靈的知覺而言，亦不確實，因爲，休謨並不著意於這一論題，其意似可就第三者之外部印象而確立其具有與我們自己同樣的人格同一性，而不必求助於我們既不能知覺到，也不可由此而得出他人心靈的存在之第三者之知覺。

結合的主要原因。在相似性方面，休謨認爲記憶力的貢獻最重要，因爲一個人的人格同一性之能形成首先要能把過往的知覺重現，而重現有賴相似性，因此，把過去的知覺重現爲一思想的鎖鏈，乃使想像力容易從一環過轉到另一環去，而以整體爲一連續體。因此，休謨強調說，記憶力不只發現同一性，且也是產生同一性的主要機能。在因果性方面，它的貢獻是由於知覺之互相產生、消滅、影響、修改等因果關係的表現，而使得心靈有如一政治上的共和國，雖然其中的分子在前後相續中已完全不同，甚至組構的法則也已不同，仍因爲其分子之間的因果相續的關係而被接受爲是同一心靈。

但是，正如相似性之能發揮作用有賴記憶力，因果關係的應用也必須記憶力才能表現，因爲，記憶力使我們熟習這些知覺的相續不斷的程度，我們才得以建立它們之間的因果關係，由是構成這些不同知覺的同一性，而這卽是人格同一性。由此可見記憶力在形構人格同一性方面的重要性。因此，人格同一性也就是以記憶力爲主的想像力的虛構結果。最後，休謨認爲人格同一其實是一用語上的問題，因爲，那些涉及心靈過轉之容易程度的各種關係是會在不知不覺中遞減的，我們並沒有一客觀確定的標準去判定何時此同一性被保留，何時它已不再具有。以上是休謨對人格同一性這一概念產生的說明，同時也表明了它的虛構性。

三、人格同一性之理論困難

上述對人格同一性的分析，雖然並不像對因果關係和外在世界存在之分析那麼精詳，但休謨的論據和原則卻仍是一貫的，而且表面上看來也沒有任何明顯的錯失。但是，休謨在《人性論》的附錄中卻又表示，人格同一性的這一部份，不像持續存在方面那樣確實，而且有不一致的地方，甚至表示這是他自己尚不能解決的一個嚴重的困難(《人性論》，頁 635-636)。他自述困難出現於要說明連結心靈的知覺的原則上，而他沒有辦法找到一個滿意的理論，而且指出：

> 簡言之，這裏有兩個我不能使它們為相一致的原則；而且我也不能夠放棄它們的任一者，此卽，**我們的一切清晰不同的知覺都是清晰不同的存在，和心靈永遠不會在清晰不同的知覺之間知覺到任何眞實的連結**。如果我們的知覺是寄存於某些簡單的個體的東西之上，或者心靈知覺到它們之間的連結性，則這一情況中也不會有任何困難。(《人性論》，頁636)

正如休謨的許多語句一樣，這一段話似乎是明確的。但是，當我們要進一步理解休謨此中所說的不一致性是怎麼樣的一回事時，卻發現這一段話不但無助，而且有誤導的負面作用。因爲，誠如休謨所說的，這是他所不能放棄的兩個基本原則，他前此的一切分析都是以它們爲基礎的，而且這兩個原則之間也沒有任何不一致的地方！如果這兩個原則眞是不一致，則休謨前此的分析都有不一致的錯誤，這顯然不是休謨所意想的一回事。但是，休謨的這一不一致是在那裏，而說明上出現的到底是一個怎麼樣的問題呢？

其一的一個詮釋是認爲休謨在此所感受到的不一致性是指：

因果關係和人格同一性構成一個循環論證❸。這個觀點認爲，休謨在分析因果關係時已假定了有關的知覺，如類似A的知覺和類似 B 的知覺都是在同一個心靈的知覺，否則因果之觀念不會產生；另一方面，休謨又以知覺之因果關係來說明人格同一性的產生。因此，這兩個概念乃構成一在說明上的循環。但是，正如史特勞德所指出的，休謨在此並不必陷入循環論證的泥沼中❹。因爲，在說明因果關係時，得到因果觀念的人不必已先有一人格同一的觀念，而只是由於某些知覺如此地出現，如休謨所述的，知覺到這些知覺的心靈乃產生因果的連結之觀念。而在說明人格同一性時，心靈又由於知覺的因果連結的表現，而產生人格同一性之觀念。此中並無循環的問題。

史特勞德提出自己的一個詮釋❺。他認爲休謨在此所碰到的困難是他的觀念理論所不能提供任何解答的。因爲，由於可以有不同的心靈存在，一束印象或知覺要能構成一個人格同一的心靈，必須被意識爲是同一個心靈的知覺。如果這些知覺是分屬不同的人的，則它們不能產生人格同一性之觀念。因此，確定任一束的印象是我的印象卽成一關鍵。正如如果李四要確定他所知的某一束印象是張三的印象，他必須先有一他自己的觀念，否則，他無由辨認該束印象是張三的，而不是他自己的。而如果他只有這一束印象，卽再無其他不同的一束以爲對照，則他卽只是張三而已。因此，在審視他自己的一束印象時，他也必須有這是他的

---

❸ 此詮釋出自 Paul Grice 與 John Haugeland 之未發表的關於休謨的人格同一性的論文；轉引史特勞德之 *Hume*，頁134-135。

❹ 同上，頁 136。

❺ 同上，頁 136-140。

印象之意識。但是，李四不可能事先有這樣的一個自我的觀念。因此，除非我們每一個人的知覺是自然地有一限制，即，每個人的知覺只是那一束可讓他能有自我觀念的一組知覺。但這即表示這些知覺已有一種連結，而這是休謨的觀念理論所不能容許的：因爲，任何清晰不同的知覺都是與其他知覺爲清晰不同的，不可能有任何這種連結性。而休謨又認爲心靈不能知覺有任何是這些知覺所寄存其上的簡單的個體的實體，因此，這是休謨的觀念理論所不能解決的問題。史特勞德認爲此中的關鍵是「我的經驗」作爲一事實乃是休謨所不能解釋，而這一不能解釋的事實即爲與他的觀念理論爲不一致。

史特勞德的詮釋相當有說服力，且可說是休謨的觀念理論所具有的一個內在的困難。但是，這並不表示這即是休謨在此所意想的問題。如果休謨眞如史氏所述，意識到這是他對說明人格同一性的困難所在，則休謨無疑承認在心靈所知覺到的知覺中，已同時知覺到它們是有一同屬於這一知覺的心靈的性質，然而這是休謨所明顯地否認的。且休謨在這一不一致問題提出之前，在提到說明的困難時，也提到我們只感受到一種決定思想從一個對象過轉到另一者之連結性，但並不視之爲一印象（《人性論》，頁635)。換言之，休謨仍然不接受它爲一在印象中所可觀察到的對象，或是一由觀念所產生的印象。事實上，這樣的一個結論並不像史氏所指出的，會使休謨的觀念理論產生不一致的困難，因爲，如果有這麼樣的一個印象，只不過表示人格同一性之觀念是有客觀根據的，是來自感官或知性的觀念，而不是想像力所虛構的而已。此所以休謨說，如果心靈眞知覺到這一連結性，此一概念即無說明的困難了。因此，這既非休謨所意想的困難，也不是他的觀念理論不能說明的一個印象。關鍵在於他的兩個基本原則不容許他接受這一「思想」爲一有印象相應的觀念。

這兩個詮釋嘗試在休謨的基本理論中顯示出人格同一性的理論困難，史特勞德的分析尤可幫助我們理解休謨的觀念理論的侷限，但是它們卻沒有說明休謨所謂的與這兩個原理之間不一致的是怎麼一回事，而這當是我們詮釋休謨這一段引文的基礎。在這一引文的後半，休謨表示這個困難會有一解答，如果這些知覺是寄存在一實體上，或是我們眞的知覺到這些知覺之間的一眞實的連結；這顯示困擾休謨的問題是這些知覺的連結性上。因此，這不是一個循環論證的問題， 也不是某一特定個體， 如「我的經驗」的特定的結合問題。換言之，休謨是感覺到這些知覺是有一種連結的關係，只是這一關係不能有任何理論來加以恰當的說明(《人性論》，頁 635-636)。因此，問題出在說明的理論上，而休謨的說明理論也就是上文所說的相似性和因果性。換言之，我們要說明的是：這兩個關係的說明力有所不足，不足以使想像力生出人格同一性之觀念來。

爲什麼休謨原初所提的因果性與相似性足以說明我們對象有一持續存在之觀念，而不足以說明人格同一這一觀念呢？而這說明又與上述兩個基本原則有什麼不一致之處呢？我們可以依次回答這兩個問題。在一個意義之下，上述兩個原則所表示的知覺的性質是一樣的，即，心靈中的清晰不同的知覺是彼此沒有可知的連結的。在對象方面，雖然對象的知覺是各各不同的，但是不同知覺中的對象的相似性，及它們之間的因果關係卻明顯地是使心靈容易從一者過轉到另一者去，因而使想像力虛構出一持續存在以解除心靈在過轉上的困難和疑惑。但是，在人格同一性方面，這兩個原則的運作卻並不具有同樣的份量。因爲，知覺在此所要表現的是知覺自身的相似性和因果性，而不是對象方面的性質。換言之，在相似性方面，這裏所要求的是知覺之間的整體的相似，在因果方面則是所有知覺自身的相互間的相續關聯。但是，這卽要求任何兩個知覺都有相似性和因果性，因爲它們都被誤爲是同一心靈所有的知覺；否則心靈中的知覺卽連結不起來，而我們也就不會被誤導和虛構出人格同一性之觀念。而這樣的相似性卻不可能在知覺中得到，因爲，事實上，我們只有一束束的相似的知覺，而束與束之間卻無任何相似性可言。在因果關係上亦如此，卽，可以有一束束常相伴隨的知覺，而束與束之間卻不常相伴隨。例如知覺到窗外的山和知覺到爐火的熄滅，這兩者說不上任何相似性或因果關係。但是，這兩者卻必是產生人格同一性之觀念的知覺之一，因爲，它們之間雖然沒有對象的相似和因果關係，卻正好具有屬於同一心靈之關係，而這卻不是它們之間的對象上所具有的性質。因此，因果性與相似性在此實不能起作用，不能眞使心靈在人格同一性方面有較爲容易的過轉。這可說明爲什麼休謨自認爲在鬆解了個特的知覺之後，對它們的連結及由此而有的人格同一性之觀念之產生，沒有可以令人滿意的理論。

換言之，休謨對上述引發人格同一性的「思想」並無一適當的說明。然則在休謨的系統中，這樣的一個「思想」當如何安排最爲恰當呢？依上文來說，這旣是一由感覺 (feeling) 所感受到的思想，則它比較自然的定位是作爲內感中的一個項目，而不是一個知性的對象。而且，在正文中，休謨也曾在隨文中提到在這個論題上，我們所討論的是相應於我們的知性或想像力，而非我們的情緒(《人性論》，頁253) 之人格同一性的問題，似乎留有一餘地給予情緒。但休謨並沒有在發現前述不一致的困難後，嘗試把這一問題在情緒的領域內加以考慮。也許這個問題在情緒中還是不能解決，因爲，在情緒中這一「思想」將會是一印象，一如快樂、痛苦等，因而即可通過反省而有人格同一性的觀念，似又掉回原先的衝突中。但是，此實不必如此，因爲此一觀念所源自的不再是知性與感性所對的對象或印象，而是一反省的印象；其眞實性只是一反省的知覺的眞實性，正如苦樂等之觀念，似並不違背上述的兩個原理。當然，這樣一來會使休謨的體系變得頗爲複雜，而且這是否足以說明自我這一觀念和人格同一性，還有待進一步的分析。也許眞正的出路還是如史特勞德所表示的，即承認這是一件隨一切印象的「我的經驗」或自我的意識，並由此建立人格的同一性。但這即無疑承認所謂的清晰不同的知覺在這一方面具有一連結性，上述的第二個原理的應用即受到限制，而且使得我們對自我與對他人的人格同一性有不同的判準。但這正是我們的經驗的一個眞實的情狀，而這亦是對休謨的哲學所作的最少的修訂。然而，休謨的選擇是走向對知性的懷疑主義。

第六章　激情、理性與自由

休謨的《人性論》一書，除了第一卷關於知識論，和第三卷關於道德的討論分析之外，還有與後者份量相若的關於激情 (passions) 的第二卷。第一卷固然是最廣受注意的一卷，第三卷及其改寫的《道德原則研究》也受到一定的探討。第二卷可說是被遺忘的一卷，幾乎完全不為後人所提及。雖然休謨日後沒有像其他的兩卷一樣把它改寫，但是，這並不表示他放棄了這一卷中的思想，而衡諸此卷中的細微分析和對其中原則的肯定確立之情，休謨也許認為這一部份實不必重寫。而且，這一卷所佔的份量固然不少，它所處理的問題可說是休謨的整個哲學構想的一個核心部份。因為，如前所指出的，休謨要建立的是一套關於人類心靈運作的原理，而其中相當重要的當是它在情感方面的表現，這包括激情和情緒 (emotions) 所意指的諸如自豪(pride)、羞愧 (humility)、愛 (love)、恨 (hatred) 等流露。休謨通過對這些情感的表現而勾劃出心靈的性質和運作的方式，而且藉此說明理性對人類行動的決定所具有的能力為何，這也可說是第三卷關於道德方面的分析的一個基礎。

當然，這一部份的論述對休謨哲學系統內部的重要性，並不足以建立它為具有如前一卷對後世的哲學的重要性。其中一個非常重要的因素是：這一卷所處理的各種情感表現和機制，是後來被劃歸為心理學的問題，而不再是哲學領域內的課題。因此，雖然休謨在這一方面有很細微深入的觀察和說明，並沒有在哲學的討論中被繼承下來。但是，一方面由於這是他的人性論的一個組成部份，另一方面也是了解休謨對人類的行爲和道德的理解的一些根據，我們有必要對情感的產生和運作作一簡要的陳述。

一、激情之性質與運作

在這一卷的開始，休謨重申印象與觀念的基本分別，進而對印象作更細微的區分，以說明激情的性質。首先，印象被區分爲原初的（primary）和衍生的（secondary）兩種。前者指一切感觸的印象，這些印象是沒有任何先行的印象而在心靈出現的知覺；後者則指反省的印象，它們是依從前者而直接或經過觀念之中介而產生的知覺。直接依從感觸的印象而生出的反省的印象，包括一切感官的印象和肉體的痛苦或愉悅的印象，間接的反省的印象卽一切的激情和與它們相似的其他情緒（《人性論》，頁275)。換言之，原初的印象是指外部的知覺，而反省的印象是我們一切的內部的感受或知覺。反省的印象又可以分爲平靜的，如美醜，和強烈的，如愛恨、悲傷歡樂等。休謨進一步把激情區分爲直接的和間接的兩種：前者指那些直接從善惡或苦樂生起的激情，例如欲望、厭惡、悲傷、歡樂等；後者則常伴隨著其他的一些性質而產生的激情，例如愛、恨、自豪、羞愧等（《人性論》，頁267)。

在這些區分中，休謨明顯地表示所有情緒都是內部的、間接產生的印象，而不是觀念。這一性質使得休謨可以說激情或情緒、情感等本身是一種存在，不可以如觀念那様可說爲是眞或假的。我們在下述的討論中將見出這一點的重要意含。另一方面，這種內部的印象似比諸外部的印象有更明顯的屬於知覺者所特有和獨有的知覺，也更明顯地帶有自我的色彩，但休謨並沒有利用此一特點來建立人格同一性。也許在休謨的觀點中，所謂外部感官的知覺也同様具有類似的自我的色彩，但並不足以構成爲人格同一性的特殊印象。除此之外，休謨又稱激情爲與想像力同爲心靈的兩個機能（《人性論》，頁339)。一般而言，機能通常是指人類的一種能力，這種能力是我們能作出某些表現或運作的根據，如想像力之虛構不存在的觀念， 記憶之可 重現前此 出現過的印象等。但如剛才所說的，激情只是一些印象，並不是能產生觀念或印象的某種能力，似不可說爲是一種機能，正如想像力或記憶力不可說爲是印象。休謨在此似乎有所混淆。但是，揆諸休謨的語脈，這一用法主要是指激情所具有的性向（propensity），卽，使一激情容易過轉到另一激情的性質，如從愛到自豪或從恨到羞愧的過轉等。事實上，在休謨的哲學中，心靈也只不過是一束知覺，根本沒有激情可以作爲機能而寄於其上的實體或主體。激情只不過是這一束知覺中的一部份而已。換言之，這一視激情爲機能的提法只是用語上的滑轉，不宜過於執實。

對於休謨所分析得出的激情的運作模式，以下以自豪和羞愧爲例來說明。休謨首先指出， 由於這兩種激情是如此簡單和齊一，它們是不能被加以界定的（《人性論》，頁277)。換言之，這些激情雖是所謂衍生的，卻仍是第一義的存有，不是由其他存有或知覺所組合成的。因此，我們只能用描述的方式展示它們的產生和性質。休謨進而指出，

> 雖然自豪和羞愧是直接地相對反的，但它們顯然具有同一對象。這對象就是自我，或我們對之有一親切的記憶和意識的那些相續相關的觀念和印象。(《人性論》，頁277)

這兩種激情當然與擁有它們的個體有關，它們是這一擁有者所自覺的一種自我的評價。因此，自我是這兩種激情的對象。但是，在休謨的系統中，這自我所意謂只不過是相續相關的一束知覺。嚴格來說，「自我」本身並不是一印象，而只是一觀念而已。休謨在此否定一般之以此自我爲這兩種激情的生因，因爲，一方面此自我只不過是它們的對象，另一方面，由於這兩種激情所對的是同一對象，如果自我是它們的原因，它們將會自相抵消而不復出現。因此，雖然這兩種激情一旦出現卽把我們的注意力指向自我，但它們所以產生的原因卻另有根據。在這個過程中，休謨認爲:

> 第一個呈現於心靈之前的觀念是關於那原因或產生原則之觀念。這觀念激發出與它相連結的激情；而當這激情被激發起時，它把我們的焦點轉到另一觀念，卽那自我之觀念。是以，這裏是有一激情被置於兩個觀念之間，其中之一是產生它的觀念，而另一者則是它所產生的。因此，第一個觀念代表它的原因，第二個觀念則是此激情的對象。(《人性論》，頁278)

至於使自豪或羞愧產生的原因可以是任何心靈所認爲有價值的性質，如幽默、勇敢、公正，以至身體方面的美、力、各種技能等，甚至伸展到與我們有關的國家、家庭、房屋、狗、馬等，都可以是自豪之原因；而這些性質或事物之反面則是羞愧之原因。而休謨更進一步指出產生這兩種激情之原因實可分爲兩部份，一是這一類的事物，一是寄託在這些事物之上的性質，後者乃是眞正作用於心靈上的東西（《人性論》，頁279)。而這些性質作用於心靈的結果是在感觸上產生愉悅或痛苦，這些也就是上述所謂的直接產生的印象。因此，在這兩種激情的產生中包含著印象與觀念的複雜運作，休謨總結爲如下的一種雙重關係：

> 那激發此一激情的原因是關聯於那自然賦予於此一激情之對象，此原因獨自產生的感觸則相關聯於此激情之感觸：從這種觀念與印象之雙重關係乃衍生這一激情。（《人性論》，頁286)

簡言之，某些與自我相關的對象之印象或觀念使我們產生苦樂之印象，此印象引致對自我這一觀念之關注，而由此衍生出自豪或羞愧之激情或印象。休謨因而稱這樣的一種心靈運作爲一種觀念與印象之雙重關係。事實上，這是心靈的一種基本的運作方式。不但自豪與羞愧爲如此，休謨進一步分析，得出其他一切的間接的激情，如愛、恨、同情、尊敬等的產生方式都是如此。此所以休謨認爲自己找出了相當於牛頓在物理學的成果，發現了心靈的基本運作原理。

二、自由與必然

在人類行動方面，休謨的一個常被研討的論題是關於自由（liberty）與必然（necessity）的分析，和由此引到的關於理性在人類行動中所佔的地位。對於自由與必然之爭論，休謨首先引介所謂「必然」的意義和判定的標準，以爲討論的依據。休謨指出一般的共識爲以物質的運動爲沒有自由的，是必然的。在此，休謨重申在第一卷所已建立的結果，即，此必然性不在於我們在物質方面發現些甚麼本質，以決定物質運動何以是必然的，而只是由它們之間的恒常連結而產生必然之觀念。因此，如果在人類的行爲上也有同樣的表現，則人類的行爲也不能不被視爲具有同樣的必然性，而這正是休謨所嘗試去建立的結論。休謨進一步提出一個更爲明確的指標：

> 然則在此有兩個個特的事物是我們認為對必然性為具有本質意義的，此即，恒常的結合和心靈之推論；而舉凡我們發現這兩者時，我們必須承認有一必然性。（《人性論》，頁400）

休謨乃依這兩個特徵來檢查人類行爲的性質。

休謨指出，一般人認爲人類的行爲是最不穩定的，人的情欲的不斷改變，人之違反理性以致他自己的性格性向的表現層出不窮，由此可見，沒有甚麼是比人類行爲更爲不規則不確定的了。而必然性是有規則的和確定的表現，因此，一般人認爲人類的行爲是沒有必然性的。但是，休謨卻指出，我們日常的經驗是相信人的行爲與他的動機有一恒常的連結；而一般所謂的「道德證據」（moral evidence）更是基於人類的動機、脾性和情境而對其行爲所作的一個推論出來的結論，而此即表示我們都認定它們之間是有恒常連結的（《人性論》，頁404)。事實上，自然的與道德的證據更常相連結而不可分辨何者更缺乏這種相同的性質。例如，一個死囚之相信獄警之頑固性更有甚於土石鐵根，而寧願訴諸後者爲可改變以逃脫。而我們可以想像死刑之執行所涉及的各種自然的和有意的行動，如刀斧之運動、行刑人員之不會釋放囚犯、進行行刑的動作、頭與身之分離、鮮血四濺以致死亡等，這一系列的運動中，每一環都同樣地確定（《人性論》，頁406)。而這種恒常結合的經驗也在心靈上產生同樣的後果，即，使心靈從一個人的動機、脾性和情境過轉到他的行爲的表現。至於在一些情況中某些似乎不規則的行動，我們也像對待自然現象一樣，認爲是由於某些我們所不知的原因所產生，因而還是與有關的因素連結在一起的表現。由此可見，人類的行爲與動機、脾性和情境有一恒常的連結，因而也有像物質世界一樣的必然性，而沒有所謂的「自由」可言。

休謨進一步對一般相信人類行動具有自由的想法加以分析，指出其中的混淆，及論證行動具有必然性並不表示行動者不必對行爲負責。首先，休謨認爲一般人把「自發之自由」(liberty of spontaneity) 與「無傾向之自由」(liberty of indifference) 混淆了，而只有前者才是自由的普遍用法，是相對於外力之強制的用法；至於後者則是相對於必然性和因果性的否定，但卻是違背如上所述的人類日常經驗的（《人性論》，頁 407）。對於前者，休謨給予正面的肯定：

因為，當用到自願的行動時，自由意謂些甚麼呢？我們決

> 不可能意指行動與動機、性向，和環境毫無連結，即，一行動不依於某種程度的齊一性從另一行動而來，而且一行動不提供任何推論使我們由此論斷另一行動之存在。因為這些都是明顯而被接受的事實。是以，我們只以自由一詞意指依於意志之決定而去行動或不行動之能力；即，如果我們選擇保持不動，我們可以不動；如果我們選擇行動，我們也可以。現在，這一假設的自由被普遍地視為是屬於每一個不是監犯或不是在鎖鏈之內的人所擁有的。在這裏也是沒有爭論可言的。(《人類理解研究》，頁95)

換言之，休謨認爲自由的基本意義是指沒有外力強制，而是由我們自己的意志所決定的行爲，但這並不表示一種沒有任何取向的心靈狀態。至於純然的缺乏原因的狀態，如果有這樣的一種心靈狀態存在，則它只有使行動者維持原來的狀態。而且，當心靈表現爲可以如此或不如此時，只是由於相對反的原因在起作用或互相抵銷。這一種自由顯然與休謨所說的必然性即因果性爲不相衝突，因爲，這一類的自由行動也是以意志的決定爲原因而產生的。換言之，「自發之自由」並不與行動之必然性相衝突。

嚴格來說，與必然性完全相反的「無傾向之自由」是空洞的。因爲，依休謨的分析，不但在自然界無這種自由，在人類行爲上，每一行動都是有原因可追尋的，或被接受爲有某些隱蔽的原因的，是以，人類的行動自然也沒有這種自由可言。因此，休謨認爲一般人之以自由爲「無傾向之自由」是一種混淆。這種混淆出於在作選擇時，心靈似若感受不到任何強制力，而可過轉到這一或另一行動之知覺上去，雖然我們常可就他人的動機等去推論他的行爲爲有原因可追尋的。而且，在作出了第一次選擇之後，我們很可以在第二次的同樣情況中作出不同的選取，證明我們是有作出不同選取能力的，因而是完全自由的，而卽以此爲相反於行動之必然性。但是，休謨指出在這兩次不同的選取中，我們都不外受當時的動機境況等所決定，只不過在第二次時明顯是以證明自己行動爲具有不受約制的自由爲主要的動機而已。因此，休謨認爲這種虛假的感覺或經驗是產生自由與必然對反的第二個原因(《人性論》，頁408)。

最後，休謨認爲第三個原因是出於對道德與宗教的後果而有的反對人類行爲的必然性。因爲，如果人類的一切行爲都是必然的，則一方面個體不必對自己的行爲負責，由於這不是他的自由選取的結果，另一方面則人類一切惡行只能由最高的存有，卽上帝來承擔。但是，休謨認爲正由於人類的行爲是與他的動機、性向和境況有必然性，而在沒有外力強制之下，他正因此而必須對自己的行爲負責。休謨並認爲，只有在他的必然性之觀點下，因於人類行爲之具有因果性和規律性，道德上的和宗教上的刑罰規條才可以證成和有效。因爲，如果一個人的罪行和他的性格等無關，而只是一些偶發事件，則把刑罰加於與此惡行已無關係的個體身上，旣不合理，也不可能產生正面的因果關係，卽，使得他以後不再做壞事，而改過向善。因此，休謨認爲自由與必然的爭論，在他的觀點下，化除了「無傾向之自由」這一混淆後，實可得到一恰當的解決。

三、理性在行動中之作用

在討論自由與必然，和理性與行動的課題上，一般都涉及到意志的表現。正如上述在自由與必然之分析中，意志的作用不免成爲行動的原因而出現。但是，休謨並沒有進一步反省此以意志爲原因的行動，是否可以說爲不同於他所謂的自然因果性，如康德之「自由因果性」。休謨只滿足於任一行動爲具因果性，因而具有可依齊一性和恆常連結性而被理解的必然性，而爲滿足於他的必然性的理論。在另一方面，休謨對意志的理解亦可說使他無必要進一步剖析意志在此的作用。因爲，在這一卷的第三部份，休謨進而剖析意志與直接的激情的關係時，卽以意志爲一印象：

> 我要求讀者注意這一點，卽，我以意志單純為意指，當我們知道使我們的身體產生出任何新的運動或使我們的心靈產生出一新的知覺時，我們所感覺到而且意識到的那一內部的印象。（《人性論》，頁399)

在這裏，休謨可說對於意志有一與衆不同的見解，而這樣了解意志只不過貫徹了他的哲學原則而已。正如心靈整體也只不過是一束知覺，此卽顯示心靈的一切活動都不外是一些知覺的表現，它或是印象，或是觀念。激情乃是一種印象，因而卽具有眞實性，是一種存有。觀念乃是心靈之知覺，它或是有印象與之相應而爲一有實指的觀念，或是無與之相應的印象，而爲一虛構的觀念，此乃是想像力的結果，此如上述所謂人格同一性的自我。意志自是一眞實的存在，因而乃是一印象，此卽表示它不是一種機能。但是，意志也不可能是一現實的知覺，因爲它是那使不存在者存在的一種能力，如要求產生一行動。它具有一指令的要求，要求某一尚未存在之知覺，即觀念，成爲一存在的知覺，即印象；由是作爲原因，以使某一事物從不存在成爲存在，或從存在成爲不存在。但休謨的取向是把一切的心靈活動，包括感覺、認知、記憶、想像以及意志等表現，都化約爲知覺的某種關係或表現，而不願離開知覺來論述這些心靈的活動。因此，意志也只是一印象而已。此印象自然也是在因果串繫之中，自是符合必然性要求的一個項目。而意志作爲一印象對於休謨進一步論述理性與行動的關係也有類似的作用。

休謨針對一直以來在行動方面理性與激情對抗之哲學中，總以爲兩者相對抗，而且行動應接受理性的支配方可說爲是合理的和有更高價值的美德，因而提出證明以下兩個論題，即，

> 首先，理性單獨地永不能够是意志的任何行動的一動機；且其次，它永遠不能够在對於意志之指導上相反於激情。（《人性論》，頁413）

如果這兩個論題成立，它們即表示理性不但不是意志的決定原則，甚至是原則上不能決定意志和行動；後兩者的決定原則是欲望和厭惡等激情。當然，這並不表示理性不可以指引意志如何去達成有關的目的或選取眞實的目的，但這方面只不過是對意志所作出的決定提供指導或參考上的服務。換言之，這兩論題說明理性在人類行爲中只有消極的作用，眞正決定性的是人類的激情。

對於第一個論題，休謨指出，由於知性的表現在尋求眞理，而且只依兩種方式而進行，即，依於演證或機率來作判斷。前者只在於觀念的比較，乃完全無關乎眞實存在。因此，這種理性表

現與意志之置行動於眞實的世界可說爲完全不相及的兩個世界。意志所借助於演證科學如數學之處只在於尋求在某些因果判斷上的指導，如計算自己與他人之債項以決定作何行動。正如在第二種的機率推論的理性活動中，因果知識所提供的是如何去滿足某些已有的動機，而這些動機卻不是由理性所決定的。縱使行動會因於理性之轉變而轉變：

> 但是在這個事例中是很明顯的，卽，該衝動不是由理性生起，而只不過由理性所指引。對於任何對象所生起的厭惡或性向是從痛苦或快樂之預期而產生的：而這些情緒把他們自己擴展到該對象之原因與結果上去，而這些因果關係乃是理性和經驗指出給我們的。(《人性論》，頁414)

換言之，如果沒有先行的欲望等激情，理性所提供的有關的知識都不能對行動產生任何作用。而知性之理性表現也只限於發現這些連結性，不能自己獨自產生出行動之動機。因此，理性不能產生任何行動。同理，理性也不能防止意念或否決任何激情之偏好。因爲，只有相反的衝動才可以抵銷或壓抑另一衝動。由此，休謨歸結出有名的結論：

> 理性是，而且應當只是激情的奴隸，而且永不能够假裝另有作用而不是去為激情服務和服從它們。(《人性論》，頁415)

對於這一點，休謨再進一步從理性與激情之間的特性以確立上述

的結果:

> 一激情乃是一原初的存在，或是，如果你容許的話，是存在之轉變，而且不包含任何表象的性質，使得它是任何其他存在或轉變之摹本。當我憤怒時，我是現實上擁有這一激情，而且在此情緒之中，我並不指涉任何其他對象，正如當我口渴時，或在病中時，或是超過五呎高時，同樣沒有指涉任何其他對象一般。因此，此一激情不可能相反於或相矛盾於真理或理性，因為這一矛盾包含在作為摹本的觀念之不相符合於那些它們所表象的對象。(《人性論》，頁415)

休謨再進而指出，激情不但不可說爲眞假，甚至不可說爲是理性或不理性的，故此與理性並無眞正的衝突可言。一般所謂激情之相反於理性只是由於伴隨激情之判斷所引起的。在這方面，只有兩種情況是使一情感被說爲是不合理的:

> 首先，當一激情，例如希望或恐懼、悲傷或歡樂、絕望或安穩等，是建立在假設一對象之存在上，而此對象真實上並不存在。其次，當我們在行動中表達一激情時，我們所選取的手段乃不足以實現所策劃的目的，而且在我們的因果判斷中欺騙了自己。(《人性論》，頁416)

然而這些違反理性的表現並不是情緒本身的存在，而是相關的知識或實現其意向的方法。理性所能反對的是這些伴隨的判斷，而

不是任何的激情本身。休謨甚至把這一點極端化地說:

> 在一激情既非建基在一假的假設上，又非選取那達不到目的的手段時，知性既不能證成也不能否定它。我之偏好整個世界之毀滅而不是抓刮我的手指並不違反理性。我之選擇自己的完全破滅以防止那於我為完全不認識的印度人之最細微的不舒適，並不違反理性。甚至我偏好那我已認知的我之較差的而不是較大的好處，而且對前者有一比對後者為較熱切的感情，也不是違反理性的 。(《人性論》，頁416)

休謨意在把理性與激情兩者的不相干性突顯出來，以說明前者對後者爲無所用其判別的作用，自然也就無所形成或抗拒了。

但是，休謨在此也招致不少的批評，例如，上述的幾個例子似正好是我們認爲「不合理」的偏好或激情❶。當然，休謨在此是把合理不合理限於認知上來使用，因而可以如此地誇大其不相干性。休謨也許並不是不知道合理與否還可以有其他合理的評價的使用，包括諸如指上述例子中的偏好爲不適當、不公平、荒謬的等等。但是，休謨可以回應以此非知性之表現，而卻仍是心靈的其他的功能而已。另一批評是認爲休謨並不能眞正論證出理性不能單獨自己而產生出某些激情來，並認爲由理性而生起的相信一信念之「相信」即是一種情緒❷。但是，依休謨之區分知性與

---

❶ 參見 Jonathan Harrison 之 *Hume's Moral Epistemology* (London: Oxford University Press, 1976), 頁7。

❷ 參見史特勞德之 *Hume* 一書，頁160-167。

激情為不同的功能和存在種類，則前者不能引生後者是必然的。這可說是休謨的先入為主的預設，但卻也是一有合理基礎的區分。其關鍵是休謨只承認這一種理性，而意志又只是一印象而已，不像康德之可以有實踐理性之機能。因而休謨所承認的理性是一種認知的能力表現，而不是可發為行動的實踐的理性。至於「相信」一信念之表現，休謨固然說信念雖似是由知性而產生，卻毋寧為屬於「感覺的」(sensitive) 多於「認知的」一個行動(《人性論》，頁 183)。但是，這並不表示作為情緒的信念或「相信」乃是由理性生起的，而基於休謨之懷疑主義的論調，這只表示信念或相信一信念都不是理性所能為力的，而只是情緒或激情所產生的。如此，休謨仍維持知性與激情的區分，並沒有前後不一致的困難。

理性既不能在人類的行動中發揮積極而主動的作用，則作為人類特有的道德行為也將是理性之外的一個領域，而為與理性或知性為不相干的表現。而事實上，休謨的道德理論是依於英國的道德情感論而來的觀點，因而與情緒的關係較理性為密切。

第七章　道德與理性

如前所述，休謨在哲學上對後世的影響最深遠的是他的因果分析，而對於他的倫理學方面的研究卻不多。但是，休謨自以爲是全面地論述人性的各方面，而且在列舉自認爲繼承了的哲學傳統中，是以倫理學家爲主的，而且，他所最尊崇的同時代的人物也是以道德情感論馳名的赫其森（F. Hutchinson）❶，這顯示休謨是有一特定的倫理學觀點的。另一方面，依據肯普・史密夫（N. Kemp Smith）的考查，休謨所看到的「思想新圖像」乃是以倫理學所取得的基礎，推展到各個方面，特別是知識論方面而構成的❷。換言之，倫理學才是休謨哲學的中心課題。但是，休謨擺脫爲洛克與巴克萊的驥尾的地位是由於邏輯實證論與分析哲學家的尊奉，而邏輯實證論者的興趣卻主要是知識論的問題。在當代的分析哲學潮流中，分析倫理學家所注意到也只是他的實然與應然之區分問題（is-ought problem），非常缺乏對休謨的倫理學的全面論述。這個情況到近年才有一些好轉。實然與應然的論題自是一深遠的課題，但是休謨自己對此問題的理解爲何，

---

❶ 關於休謨所自以爲繼承了的英國哲學家的倫理學，麥基（J. L. Mackie）在他的*Hume's Moral Theory*（London: Routledge & Kegan Paul, 1980）一書的第二章中有相當扼要的敍述，請參看。

❷ 參見肯普・史密夫之*The Philosophy of David Hume*，第一章。

他自己的倫理學有沒有違反這個被尊為「休謨定律」的論題，卻仍有爭論。要對這些問題作一中肯的評判，我們須先剖釋他的道德理論的內容。

一、道德與理性的關係

正如在知識論的分析一樣，休謨首先對傳統的倫理學理論，特別是理性在道德判斷和道德行為上的作用，作出一摧毀性的分析，然後才提出正面的積極理論。在這一消極的工作中，休謨主要論證出理性在道德判斷和道德行為上都是無能為力的。他首先提出一個分析的焦點，即，

> 我們是經由我們的觀念或是經由我們的印象來分判罪惡和美德，及宣稱一行為是可譴責的或是可頌揚的呢？（《人性論》，頁456）

休謨認為這樣可以提供一明確的問題，而可減除一切不必要的鬆散的討論。換言之，休謨是依於他在前面已建立的一個區分，即，一切知覺均不外是觀念或印象，而道德判斷不是觀念的運作即是印象的表現，因此，任何倫理學最終必須在這兩者中作一抉擇。那些不在這個問題上作出明確決定的長篇累牘的討論都必只是一些不著邊際的泛論，其內容既不對題，自然只是混淆不清，也就不真正具有討論的價值。

休謨進而指出，一切以美德為依同於理性的說法，不論是以事物為有永恆的適當性和不適當性，而這是對每一理性存有皆顯

示爲同一的；或是以道德上的對錯爲對所有人以至神都有一義務的責成的；這些理論都是以道德有如眞理一樣，是可以單由觀念之組合和比較而可被認知的。因爲，只有理性可以對我們的行爲和這些客觀存在的事物之適當性，作出反省比較，來判斷該行爲是否道德的。因此，這些理論都是以道德判斷是相應於事物之觀念而有的，而作出判斷的也就是理性的功能。換言之，理性自己即可以達成普遍有效的道德判斷。是以，休謨認爲只要我們對理性是否單就其自己即可判別善惡，或需要其他的原理共同出現才作成一道德判斷，即可以檢定這些理論是否確當。

對於理性能否單就其自己即成功一道德判斷，休謨的結論是否定的。他的理據如後。首先，休謨指出，人們都共認道德爲對激情和行爲是有影響力的，因而傳統上被置於實踐的哲學部份，而不屬於玄想的哲學範圍。這即表示，道德所具有的作用是超出那只作消極而怠惰的判斷的知性之外。因此，道德不可能由理性衍生。休謨認爲道德判斷所依據的是一「主動的原理」(active principle)，道德可以激起激情，產生或阻止行爲，而理性或知性乃是被動的，因爲，理性在促成行爲方面是一無表現的。主動的原理自然不能基於一被動的原理（《人性論》，頁 457）。當然，休謨在此所說的理性是以認知爲主的知性的表現，而其他哲學家所說的理性卻不必是這樣被動的知性。但是，如果道德判斷確是一些永恆眞理客觀地存在，則休謨即可以假設這些眞理爲可被認知，因而可由理性單獨地確立其道德價值，即建立其道德判斷。但是，道德判斷卻顯然不是一純然的認知活動，它主要是促成或阻止某些行爲。因此，如果純然觀念的組合比較不能讓我們有任何行爲的表現，這一理解的作用即不是，也不可能產生道德判斷。道德判斷必有另一根源。

休謨對這個結論進一步提出多個角度的分析。除了指出在上一節論述理性與激情的關係時即已證明理性是被動的，沒有任何主動的能力，休謨表示在這裏只需要簡單強調理性主要的功能是發現眞假，而這是關於觀念之間或觀念與事實之間的相一致或不一致的比較。至於激情、情緒和行動，它們自身都是眞實的存在，是一些自足而完全的印象，不是摹繪某些印象之觀念，沒有所謂的與其他眞實一致與否的問題。因此，它們也不能被說爲是眞假、一致於或相矛盾於理性等等。因此，行爲可說爲是值得讚賞與否，而不可以是合理與否的，是以道德的判斷不可能出自理性的結果。理性的作用只表現於陳示出一可作爲一激情的對象之存在，以使一相應的激情被激發，或是告訴我們如何去獲得激情所指向的對象。但這些都無關乎行爲的道德評價。在此，對於那些道德理論，諸如以不道德行爲即是使他人作出錯誤判斷的行爲，如男女通姦使不知情的人誤以爲是夫婦的相歡等，休謨抨擊爲浮泛無據。因爲，若不道德行爲是以這種錯誤爲基礎，則關起門來做的同樣行爲，或在沒有人知的情況中，同一行爲即無不道德可言，而這明顯違反我們的道德經驗和判斷的。

休謨最後提出一個有力的論據，指出如果理性是道德判斷的根據，則所謂不道德的行爲應是一切理性存有所共認的，因而只是一些客觀的事實，而不依於人的特殊情狀。如是，則人類認爲最典型的不道德行爲，如殘害父母，當是一普遍的事實，不論違犯的是人類或其他生物或無生物。但是，同樣的殘害生命所出自的根源，如一棵橡樹在生長過程中使其所源自的老樹死亡，也應當被判斷爲不道德的行爲。但是，我們的道德判斷卻明顯不是如此的。在此，一般所謂人類行爲有意志之自由，而橡樹或其他生物之同類行爲之爲無意志可言，因此可以有不同的道德判斷，並不能夠消解這個困難。因爲，在這種理論中，決定的因素是事件之爲如何類型的事件，而理性卽可據此而作出道德評價，並不在乎當事的人或物是否有意地做出該行爲。由此可見，使我們產生道德判斷的不是客觀事物的某些可認知的關係，因而道德判別不出自理性，而是另有根源。

二、道德判斷的根源：道德情感論

休謨論證道德判斷不出於理性，其中一個重要的意義是見出道德判斷不是事實之判斷，而是另一類型的判斷，來自另一根源，並不是理性或知性的對象。休謨進而有下述常被引用的陳述:

> 選任何被接受為罪惡的行為：例如，蓄意謀殺。試從一切的角度來審查它，看看你能否發現你稱之為罪惡的事實或真實存在。不管你如何對付它，你只能找到某些激情、動機、意念和思想。在這個案例中再無任何其他的事實。如果你只是考量對象方面，這一罪惡會完全不為你所掌握。你將永遠不能找到它，直至你把你的反省轉到你自己的心坎，而發現你內部生起對這一行為的一不贊許的情感。這兒是一事實，但它是感覺之對象，而不是理性之對象。它在你自己而不是在對象之內。是以，當你宣稱任何行為或性格是罪惡的時候，你只不過意謂基於你的本性之構造，

你在默想它時產生一責難之感覺或情感。(《人性論》，頁468-469)

在這段文獻中，休謨指出道德判斷的根源在我們的情感。依於我們對一行爲所產生的是贊許或不贊許的情感，我們判斷它爲道德或不道德的。休謨稱這種對一行爲產生贊許或不贊許的情感是一「事實」，但這只是對我們的情感而言的事實，它不是理性或知性所認知的對象。因此，當休謨隨後把此感情類比爲聲音、顏色、冷熱等所謂「次性」時，只意在表示道德情感之與心靈的關係，我們不應理解爲休謨把它們視爲較不眞實的存在。休謨其後更強調，這種感情爲被感受到多於爲被判斷的結果(《人性論》，頁470)。但是，這種感情作爲知覺，雖常因爲不甚強烈而被誤爲觀念，它實質上是一種印象。換言之，道德情感是與人類的心靈結構相關的事實，休謨也稱之爲根於人性的特殊構造而來的事實。這一事實使得任何往外尋覓對象之某些組合或特質去說明道德判斷，結果必然是徒勞無功。同時，這一特性也可說爲是單就人類行爲而有，而不指向自然的現象或對象。我們對某些人類行爲自然產生一種贊許或不贊許的感情，正是基於這一種自然的表現，我們乃有對行爲之道德判斷。在這裏，休謨的目的是爲道德判斷找出其根源，顯然不是說道德判斷只不過是我們的某種情緒之發洩，如近代情緒主義 (emotivism) 之理論。道德判斷仍然是對人類行爲的一種價值判斷，它是基於人類本性所特具的道德情感，但不是情感之發洩。

對於使我們產生道德判斷的情感，休謨除了表明它是一印象之外，並嘗試說明它的性質和作用於我們身上的方式。休謨首先

指出使道德上的善惡得以區分的印象不外是一些個特的痛苦或快樂，因此:

> 一行為，或情感，或性格是美德的或罪惡的；為什麼呢？因為對它的觀察產生一種特殊的快樂或不安。因此，我們給出這種快樂或不安的一個理由，即充分地說明了罪惡或美德。具有美德之感覺即不外是從一種性格之默想中感受到一種特殊的滿足感。此一感覺構成我們的稱讚或讚美。我們不再更往前探索；我們也不探索此滿足感之原因。我們不是因為一性格使我們喜悅而推論它是美德的；而是在感覺到它是以如此的一種特殊的方式使我們喜悅，我們實質上感覺到它是美德的。(《人性論》，頁471)

換言之，一行爲或一性格之爲道德或不道德，是由於它在我們的心靈內產生一種特殊的快樂或不安之情感。這種特殊情感即是所謂的道德判斷，因此，正如上述所說的，它毋寧是被感受到多於是一認知的判斷。是以，休謨說，即在這種如此的快樂或不安之感中，我們感覺到某一行爲或性格是道德的或不道德的。而這一種情感即足以說明道德判斷的根源，而它也就是道德判斷的終極的起點，不必要也不可能更往前追索。這即是道德判斷在人性之根源，它是自然而生出的。休謨並進一步表明，這種情感不是通泛的痛苦或快樂之感受，而是一種特定的情感的表現。它是針對我們自己或他人而有的快樂或不安之情，而也就只有這四類的道德情感（《人性論》，頁473)。因此，這種情感不能從無生物或人類之外的其他生物的表現而產生，由是說明道德情感論不同於前此受批評的倫理學理論之處。

休謨其後指出，這種道德情感不是由於一道德行爲而產生的，即不是由於我們已先判斷了一行爲是道德的，而是由於對此行爲之關注而產生出一種快樂或不安之情。休謨認爲這一點也是我們的道德經驗所展示的情況。在這裏，休謨引入動機之討論:

> 這是很明顯的，即，當我們稱讚任何行為時，我們所關注的只是產生它們之動機，而把這些行為視為在心靈或脾性中的某些原理之記號或指標。外部的表現並不具有任何價值，我們必須往內視察才可以找到道德的性質，而這是我們不能直接做得到的；因而把我們的注意力放在行為上，猶如放在外部的記號上一樣。但是，這些行為仍然被視為記號；而我們的稱讚或贊同之終極對象乃是產生它們之動機。(《人性論》，頁477)

換言之，一行爲之爲道德的是因爲它出自一道德的動機。一道德的行爲只是道德的動機之外部的記號，我們藉此而得以觀察到此動機之表現。因此，在無有動機之前，不可能有任何行爲可說爲是道德與否的。雖然休謨並沒有明確表示道德的動機與情感之關係，但能促使行爲出現的動機若非即道德情感本身，也必是源自一道德情感而有的動力。在這裏，休謨不但強化了行爲之道德評價源自心靈內部，而且顯示出休謨的道德理論並不是一般所說的功利主義（utilitarianism）。這一種表現也符應於休謨之反對從行爲之外部之結構組合或表現來認識一行爲之是否爲道德，因此，功利主義從行爲之後果來評定行爲之道德價值，實爲與休謨之理論相違。

由上可見，休謨是英國十七世紀的道德情感論的支持者，而且嘗試運用這個理論以說明人類道德判斷和道德行爲的根源，表明道德與人之理性或知性無關。這在理論上完成了休謨對人性的全幅圖像：知識、情緒和道德都是知性所無能爲力的，而理性也只是激情或情感之奴隸。然而，對於休謨的倫理學之定性，在近代也有種種不同的意見，如哈理遜 (Jonathan Harrison) 卽提出有五種不同的觀點：「道德判斷是關於判斷者之感覺的」、「道德判斷是關於人類之情感的」、「道德情感論」、「非命題的理論」和「道德判斷是一種感覺」等❸。哈理遜認爲這些詮釋都有文獻上的根據，但都不能完全符合休謨所說的各個論點。其中一個重要的判準是：第一和第二個論點都不能避免違反了休謨所提出的實然與應然之區分，其餘三個都可通過這個考驗。關於這一點，尤其是休謨是否在實然與應然之間不容許任何踰越，以及他自己的理論是否有踰越等問題，下節將進一步分析。簡言之，第一個觀點是以道德判斷卽是判斷者的情感之表現，而依哈理遜的觀點，第二個論點只是把其中的情感視爲所有人類共通的而已。然而哈理遜只以這兩種觀點爲由實然，卽人類的情感，而推論出應然的結果，違反了休謨對一切理性理論的批評；但哈理遜未能據休謨的原意以確立此點，卽，休謨的焦點是說明道德判斷的根源，並不是以道德判斷卽爲情感之本身。換言之，認爲休謨提出或持有人類的道德判斷只不過是情緒表現的一種方式，乃是一種誤解。至於第四種觀點，是認爲休謨以道德判斷爲非認知的，此

---

❸ 參見其 *Hume's Moral Epistemology* (London: Oxford University Press, 1976)，頁110-125。

固然可說， 因爲休謨明說這種判斷不從理性或知性而來。 這基本上是近代後設倫理學， 諸如情緒主義、 導引主義（prescriptivism）等的觀點。但是，休謨雖然認爲道德判斷不可由知性決定，但並不表示道德判斷不過是另一些非道德的目的或要求之扭曲的表現。只停在非知性所建立的這一面，只可說爲是觸及休謨在消極分析中的一部份，不能說明休謨何以對道德情感要說那麼一大套。但休謨在積極分析的工作中卻直言：道德判斷所依據的快樂或不安之感是人類所表現的事實，雖然休謨也強調此爲被感覺到的，而非認知到的事實。因此，視休謨的理論爲現代之「非命題的理論」之一種，是遠離休謨要建立的道德出於人性表現的構想和分析的工作的。 至於第五種觀點， 以道德判斷爲一種情感，這似是休謨所說的，也與一般理解的道德情感論相融。但嚴格來說，這仍是把休謨之以道德情感爲道德判斷之根源等同於道德判斷本身。 換言之， 依休謨的道德情感論，道德情感一方面產生我們的道德判斷，另一方面也是推動我們的道德行爲的原動力。而且正如上述分析中所已指出的，休謨不但認爲這是一種情感，而且是一種特殊的情感，是所謂的構成道德判斷的情感。因此，休謨的理論基本上仍是一道德情感論，而沒有哈理遜所說的與某些文獻不相融之處。

至於哈理遜對道德情感論的評論，可說是完全不相應的，顯示他所理解的道德情感論並不確當。哈理遜認爲休謨的道德情感論之沒有違反從實然推論應然這一困難，是由道德情感所揭示的行爲的道德性質有如視覺所見之顏色，如紅色等，乃是不可界定的，故無所謂推論之出現。但這似乎是以道德判斷所針對的是一種性質，雖然不是所謂的自然性質。當然，非自然性質是怎樣的一種性質，並不容易說明。但是，不管非自然性質是什麼，若以之爲行爲的某種性質，道德判斷的結果也將是從行爲之性質而得出的結論，這顯然有違休謨之觀點。因而哈理遜之以無道德情感之感官，無以區別在所有方面都相同而只有不同道德性質的行爲等，俱爲不相應的質疑。在休謨的論述中，道德判斷與道德情感可說是同時生起的，是依於人類心靈而產生的一種價值取向，或依於心靈感受而有的對人類某些行爲的自然分類。這是他的道德情感的基本論點。至於這樣看待道德情感和道德判斷是否眞能超越實然與應然之困難，則留待下一節申論。

三、實然與應然之困惑

在分析理性不是道德判斷的基礎時，休謨在論述中引進一個敏銳的觀察，而成爲後世討論的一個焦點。這段著名的文獻如下：

> 我已時常指出，在前此我所遇到的每一個道德體系中，作者在通常的推理方式進行了一段時間，建立起一上帝之存有，或是對人類的事態作出一些觀察；然後我忽然吃驚地看到，代替通常的命題之連繫詞，**是**，與**不是**，我所遇到的命題無一不是以一**應當**或**不應當**連接起來的。這一轉變是看不見的；但是它却是最為關鍵的。因為，由於這一**應當**或**不應當**表示一新的關係或肯定，它之被觀察到和被說明乃是必須的；而同時應當有一個理由被給出，因為這一新的關係如何可以從另一些與它完全不同的關係演繹出

來，似乎是難以想像的。(《人性論》，頁469)

休謨這一段話之原意是認爲前此他所遇到的倫理學，都沒有說明如何從外部的一些關係可以轉化爲對道德的論述。他的意向當然是上述所說的，卽，以道德判斷爲心靈內部的感受，而認爲這是「應當」、「不應當」這一對詞項所顯示的。而無論如何，這對詞語總是不同於「是」和「不是」這一對詞項的關係，因此必須被點出和說明。然而，現代哲學對這一文獻最關注的是休謨認爲這裏主要提出的問題是：如何可以由「是」和「不是」的前題，推論出一些包含「應當」或「不應當」的結論。而這就是著名的如何從實然推論出應然的困難。

以現代的哲學語言來說，實然所指的都是事實方面的情狀，而所成的語句爲描述句；而道德方面的都是對行爲的評價，而不是行爲的描述，所成的語句自然不是描述句。因此，在演繹的要求方面，後者是不可能中效地 (validly) 從前者推論出來。這一結論旣明顯而又確當，不但哲學家認定休謨對他所批評的倫理學理論爲合理而致命，而且由此引論一切以道德爲人類的實情實況的理論，都是嘗試越過這個鴻溝，事實上都逃不過這個批評。因而，後之哲學家或是以倫理學爲不可說者，或以倫理命題是情緒的發洩等，並否定傳統的規範倫理學爲哲學家所可建立的理論或工作。這一課題在近代哲學中引起非常豐富繁複的討論❹。另一方面，如上所述，休謨的倫理學並不是一般的後設倫理學 (meta-ethics)，而是一個有實質內容的理論，一個很自然的問

❹ 關於這個課題的文獻，可參考黃慶明之《實然應然問題探微》(臺北：鵝湖出版社，一九八五年) 一書之目錄。

題是：休謨自己的理論是否能克服這個實然與應然之困難呢？在理論上，休謨既是第一個提出這個難題的哲學家，而且以之爲對其他倫理學體系的一個批評，他自己的理論應當可以解除這個困難，否則他應當止於消極的批評而已。因此，剖析休謨的倫理學能否克服此困難不單有助了解其內容，也提供一個個例以看哲學家如何從這難題中解脫出來。

休謨在提出這個對一切其他理論的批評之後，並沒有辯稱自己的理論如何沒有違犯這個不中效的推論，顯示他認爲這不是他的道德理論的困難。在一個意義之下，休謨的道德情感論明顯地是沒有這個困擾的。因爲，他並沒有作這樣的一種推論：道德判斷不是任何關於事實方面的判斷，不，甚至不是一種判斷，而他只提出道德判斷之根源不外是人類心靈對人類行爲的一種感覺、一種道德情感。我們應當或不應當做的是甚麼，是道德判斷所決定的，不是從任何實然的事態推論出來的結果。甚至不是由於人類的道德情感是如何的一種狀況，我們因而推論出應當或不應當做些什麼。道德情感只表示我們有這樣的一種自然的傾向，以某些行爲是道德的，某些行爲是不道德的。但是，在進一步的分析中，由於道德判斷的結果自是表示我們在行爲上應當或不應當做的事，而道德情感論所陳述的總是人類的一種實然的情狀，也就是一關於人類在情感上的一個實然的陳述。不管其間如何的聯繫，總是一種嘗試把人類在應然方面的表現，建立在實然的情狀之上，因而總是嘗試踰越此實然與應然之區分的一個理論。但是，這裏有一個區分是非常關鍵的，即，一個陳述人類道德判斷如何生起是一個關於人類之道德事實之理論，它可以純是描述的，並不因此而違犯了實然與應然之區分；而只有那些嘗試以人類或人類之外的某些實然情狀，推論出人類的道德判斷爲如何如何的倫理學理論，才是有違這一實然與應然之區分。因此，休謨的道德情感論是否有違反他首先提出來的區分，要視乎這是那一個意義之理論。而休謨之道德情感論，以至他的全部哲學，都是以尋求對人類的一切表現爲由心靈的運作而生出，因而他的理論是第一種的描述理論，並沒有違反實然與應然之區分。我們可以對這一點作如下的說明。

休謨論述道德判斷的焦點，無論是消極的破或積極的立，都是著眼於道德判斷如何生起，而視一切其他理論的缺失爲不能給予道德判斷一個如實的生起的根源。實然與應然之區分主要是針對那些以知性或理性爲道德根源的理論。而他自己的積極理論則以道德判斷爲生於人類之道德情感。人類相應於某些行爲而有如是之情感、如是之快樂或不安之情，則有某些人類行爲爲應有或不應有，爲應爲或不應爲。此中不只是由人類所自然自發而有的道德情感而可說感知此一行爲爲已有或未有，更因道德或不道德行爲是可以經由人類之選擇，而爲「有而能無，無而能有」的事態。因此，道德行爲的特色不在它在知性面前所顯示的作爲事實或可描述的事實之內容，而在於它的價值和行爲取捨或實現與否方面。由人類對某些行爲之有如此的快樂或不安之情，而有欲其實現或消除， 此卽爲我們所感覺到， 甚至判斷出的道德上的差異，這卽是道德判斷。這種情感卽有促使我們去使之出現或不出現的動力，此卽決定我們的行爲何者當爲，何者不當爲。因此，休謨表示，若視爲事實，它是我們的情感上的事實；若說爲是判斷，它也只是我們的情感所作的道德的判斷。道德情感與道德判斷，以至在應然上爲如何，不是一推論的關係，而是一生起的關係、一決定的關係，即道德情感決定道德上的應當。因此，休謨沒有也不必踰越實然與應然的鴻溝。至於人類爲何有如此的道德情感，或爲何對某些人類行爲有如此的快樂或不安之情感，休謨認爲不必再追問，暗示這是經驗方法所能給出的最後結果。當然，休謨還可以挑戰任何不滿意的反對者看能作出怎樣的不同的結論來，而任何反省分析最後總得停於某一結果上，讓一些根源的事物去說明那有待解釋的對象。而休謨可以認爲表明道德根源出自道德情感已足夠說明道德的特性，也足以顯示人類本性或人性在道德方面的表現。

第八章　美德、公義與政府之起源

在休謨生前，他的純哲學著作並不成功，而且常遭受誤解和成爲被攻擊的對象，以致休謨時而不承認是自己的作品，或時辯說爲青年時期不成熟的作品。只有他的非哲學著作，特別是他的政治經濟方面的論述，才廣受注意和讚賞，並帶給他高度的地位。但是，歷史的發展卻與他的際遇相反，他在生時最不受注意和不被理解的《人性論》第一卷之因果分析，卻慢慢被公認爲是他的哲學貢獻的核心，而政治經濟方面的思想，也像他的倫理學一樣，受不到應有的重視。在《人性論》的第三卷，這一部份的重點可說包含了他的倫理學和政治哲學思想。而在所佔份量上，政治哲學毋寧更爲顯著，雖然這一部份可說是倫理學的一個伸展與應用。如前所述，休謨曾爲他的知識論和倫理學重寫爲較精簡易明的單行本，而對政治哲學卻沒有做類似的重寫；在爲第三卷重寫的《道德原則研究》完全沒有包含這一卷的政治哲學在內。當然，這並不表示休謨完全放棄了這一部份的思想，而是把這一部份充份發揮在他相當成功的政治經濟論文上。但是，也是由於這一因素，使得他的政治哲學上的原創性得不到應有的重視。

一、兩種美德與同情共感

道德情感論基本上指出道德判斷的根源是道德情感，這種道德情感一方面是自然的，卽是出自人類特殊的結構而有的，另一方面，這種情感表現而爲痛苦或快樂的感受，或是心靈之喜好或厭惡的運動，而與這些情感相連結的行爲或性格卽被說爲是美德或罪惡。但是，一方面不是所有情感都是人類自然而有的，這裏所考慮的當然是指自然情感，而不是泛指的一切情感；另一方面，不是所有的美德或罪惡都是與情感直接相連的，但一切說得上是善或惡的行爲，最終都必與某一自然情感有直接或間接的連結。在與自然的道德情感的連結方式上產生了休謨所說的「自然美德」(natural virtue) 與「人文美德」(artificial virtue) 之區分。依休謨的分析，人類所自然而有的情感是自我貪戀 (self-love) 與有限的仁慈 (limited benevolence)，因此，與此相連的美德，如父母對子女的慈愛，不忍親友以至其他生物受到傷害等，都是自然的美德。至於其他與自然情感沒有直接連結，而又稱爲是美德的，如公義、對國家忠誠等，休謨稱之爲「人文美德」，因爲，它們是通過一些人爲的，卽人所創造的制度才可以表現出來，然後才與苦樂之情感有所連結。雖然依性質而言，自然的美德應是首出而且可被直接說明的，但休謨卻在說明自然與人文美德之區分後，花相當長的篇幅先討論人文美德中最主要的一項：公義。這似乎暗示休謨所接受的西方傳統的一個觀念，卽，道德乃是存在人類社會中的行爲，而構成人類社會的基本美德乃是公義。事實上，休謨直以公義爲社會之定律（《人性論》，頁491)。另一方面，也許休謨認爲要使自己的理論具有說服力，必須辯破當時流行的以公義爲首出的和自然的美德之觀點。但本節仍先介紹自然和人文美德與自然情感相連結的方式，至於特殊的人文美德如公義等之根源和表現，則留待下一節加以分析。

自然美德既與自然情感直接連結，簡單直截如上所述之慈愛等，休謨也沒有再加以說明。需要說明的是人文美德與自然情感的連結方式。在這裏，休謨引進「同情共感」(sympathy) 這一個重要的原則。休謨指出，在許多與我們自己或親友無關的事情中，如聽到悽厲的叫聲，即從而在心靈上浮現出它的原因，從手術室的種種安排而想到它的結果，即開刀的痛苦，我們都是只從有關的原因或結果而產生出最強烈的情感的反應來。這種反應之出現是我們若似把自己代入到當事人或物之內，因而在他人身上所產生的痛苦或快樂有如直接在我們自己身上發生一樣。這就是人類所具有的「同情共感」所產生的作用。我們在美感上的表現也是這種同情共感的結果；休謨認爲當我們感到某物對其擁有者產生快樂，如一棟房子對其主人所提供的方便，我們便認爲它是美的，反之則是醜的。又如公義、忠誠等，由於許多時所指向的社會利益，與我們個人或朋友之利益並不相干，它們之會引起我們的反應，必是同情共感所引起的愉悅。因此，休謨認爲「同情共感是我們對所有人文美德之尊崇之根源」(《人性論，頁577)，休謨即依此說明人文美德如公義之道德意義，

> 自然美德與公義的一個差異在這一點上，即，前者所產生的善是從每一單個的行動所升起，而且是某一自然激情之對象；而公義之一個單個的行動，只在其自身來說，却常是相對反於公共利益的，而只有人類的共同取向，在一行動之一般的架構或系統中，才是有好處的。(《人性論》，頁579)

在單個的事件中，我們會對貧民多一些憐憫，對流氓多一點厭惡，但是，在公義的表現上卻並不如此直接。因爲，在個別的公義行動中，我們不得不依照公義的規則或財產的權利，諸如把一個貧民的錢罰予富有者，或把社會大量的財富判歸一無良的流氓等。這似乎是違反我們的自然情感的，而且也是對社會不利的，但是，嚴格遵守公義的規則卻是維持社會所必需的，而只有這樣，我們才能從社會得到利益。因此，我們與社會公義連結起的道德情感乃是通過間接的方式，即，人爲的創造才產生出來的。我們對公義產生喜悅，對不公義產生厭惡；而產生這種道德情感的原理就是同情共感。休謨不但說明了人文美德如何與人類的道德情感的連結，而且以一個原則統貫起所有的人文美德，不，甚至包括了美感在內：

> 由此可見，同情共感是人性中一非常有力的原理，它對我們的美的口味有鉅大的影響，而且它產生我們在所有的人文美德之中的道德的情感。(《人性論》，頁577-578)

由是而完整了道德情感論對一切美德及罪惡的說明。至於公義，由於涉及社會政治的廣闊領域，休謨用了最多的篇幅來分析說明，構成了他的社會政治哲學的主要內容。

二、公義、財產與社會之形成

休謨認爲不是所有美德都是自然的，即，由人性所天賦的道德情感的直接流露而形成。有一些產生快樂或贊許的美德是由於人類的情狀與需要而生起的；而公義正是這樣的一種美德。因此，休謨進而論證公義不是一種自然的，而是一種人文的美德。他的論證也像前此各個哲學概念的分析一樣，首先是破除已有成見的消極工作，然後才是積極的建立公義生起的說明。

休謨首先確立一切美德的道德評價都是依於其所源自的道德的動機而來(《人性論》，頁 478)，因此，他認爲我們可以建立這樣的一個確實的格準：沒有任何行爲可以是美德的或道德地善的，除非在人性中有某一動機產生它，而這動機並不同於它的道德性之感覺（《人性論》，頁479)。換言之，如果公義是一種自然的美德，我們將可以找出它所源自的自然的道德情感。但是，休謨認爲這是找不到的。例如，在借債還錢這樣的一個公義的事例中，我們一般之以誠實爲此行爲之動機是倒果爲因的，是以文明社會中所已建立的狀況來看待它的生起問題，乃是一種誤置；而且違反了這行爲必須首先出自一道德的動機才使得它爲道德，因而誤以誠實感爲支持它的道德情感。其次，私人的利益或自我貪戀（self-love）都不可能是這種誠實行爲的根據，因爲，後者正好常是一切不公義或暴力的根源。至於主張這是對公共利益的關懷的表現，休謨認爲一方面並沒有這種撇除一切個別人格特質或人際關係的人類之愛；另一方面，休謨固然承認我們不可能對任何接近的人或生物之苦樂無所感，但這種情感源自我們的同情共感（sympathy），而這種情感卻不限於人類，而是普及於所有生物的。至於對所屬集團之利益之關懷，即，「私有的仁愛」(private benevolence)，也不可能是公義之根源，因爲，個人與他人的個別關係，如朋友或敵人、贊許的或咀咒的對象等，正好使人與人之間的仁愛之情不能保持同一，公義也就不能被維持。因此，休謨認爲一般以公義爲出自人之自然之常情乃是不符合人情的一般和自然表現的。但休謨強調，公義不是自然美德，並不表示它是「不自然的」，即，不尋常的或罕有的，只表示它乃是人的創造，是人之自然而有的一種創造，甚至可說是一「自然法則」(Law of Nature)，是共通於人類這種生物的(《人性論》，頁484)。

休謨乃進一步說明公義如何從人性及人之處境而產生出來，這是公義方面之積極理論。休謨提出他的思考步驟如下:

> 我們現在進而考察兩個問題，即，關於公義之規則由人類之人為而產生出來的方式；以及關於那些決定我們把一種道德的美或惡歸屬到對這些規則之遵守或忽略去之理由。(《人性論》，頁484)

第一個問題卽是關於公義之諸種規則如何產生之說明，第二個問題則是關於這種道德判斷之情感表現。這兩個問題的回答卽說明了公義及有關的社會規則在人性與人類的處境方面的根據，和人類在公義這方面何以如此的表現。以下仍依休謨的順序，先處理第一個問題。

休謨首先指出人類可說是所有自然界的生物中，他的情欲與滿足情欲的天賦最不協調的一種，卽，有極強的欲念而無足夠的天賦體能去獲取所需的物品。只有在社會中，人類的三種不足才得以補救：通過結合而增大我們的力量，通過分工而加強我們的能力，以及通過互相援助而減低機遇與意外的打擊。社會在增進我們的力量、能力和安全方面而成爲有益於人的組織（《人性論》，頁487）。但是，社會的這種優點不單是眞要存在，而且要能爲原始的人所感覺到才可以生效，形成人類的社會。然而，除了如上所說的，人類並無一種相應的自然情感使公義或社會自然產生，我們也不能在此假設原始的人類已有足夠的經驗或反省，認識到這些優點而建立社會。休謨認爲人類社會之成功可說源自人類之兩性的自然欲望。情欲使兩性結合，進而生兒育女，及對子女所具有的一種自然的愛護之情，使人類建立家庭，以至形成一鬆散的社會狀態。通過生活習慣，這些孩子很快卽感受到社會的好處。但是，人類其他的自然脾性，如自私等，卻足以使這種社會的結合不能成功。然而，由於外部的情況，卽我們所需要享用的物品爲有限，而又很容易被他人所搶奪，才使得人類的自私自利之情，轉爲促成社會之出現。如果人類所需的物品爲無限豐足，隨手可得，此如所謂的伊甸園，則人類並不需要社會這種組織來保障自己的佔有物。又如人類若只是純然的爲一己之私，對他人沒有一種由近而遠的仁愛之情和慷慨的表現，尤其是對子女的安寧之安排，則人類也無社會之需要。對於這種在人類情感上不規則的衝突表現，大自然通過人類的知性和判斷來加以補救，卽，使人類意識到可通過一種「約定」（convention）來保障各自以辛勤而得的成果不致爲他人所掠奪。這是公義生起的方式，也就是爲甚麼公義不是自然的美德，並沒有自然的道德情感與之直接相應。休謨同時指出，這種「約定」不是一種承諾（promise），因爲承諾也是出自人類的約定。人類社會的形成出於一種彼此互相表示遵守某些規則的共同興趣，卽對各自的佔有物品互不侵犯，但此種表示不必要諸如承諾所明確地表示的。這些公義之規則儘可以是人類在約定下逐步建立和加強的。由這種互相表示遵守的「約定」乃生出公義之觀念來，這一觀念也就是構成社會之法則。休謨認爲由此方有財產（property）的觀念，兩者可說是同出於同一種人文或人爲的表現，但不可把財產之觀念放在公義生起之前。

休謨認爲在社會的建立過程中，主要的情感只是人類對於獲取佔有物之愛好的表現，沒有其他情感有更強的影響力。社會之能夠成就，是這種情感的自我約制，但也只是對這種情感之氾濫而作的約制，並領悟由此而得到的好處。這種情感無所謂美惡。因此，社會的起源也與人性之善惡無關。休謨並認爲民約論所謂的「自然狀態」(state of nature) 實只是一虛構，因爲人類不可能停留在所謂的自然狀態，而不可免地很快即進入社會的形式中。依此而言，社會之形成乃是一自然而然之事，人類亦可稱爲一社會的動物。分析至此，休謨總結起公義的產生過程如下:

> 公義生自人類之約定；而這些約定被視為對某些不足之補救，這些不足來自人類心靈的某些性質和外部對象之情況之同時出現。心靈之性質是自私與有限的慷慨；而外部對象之情況是它們的容易轉移，加上它們之相對於人類的需要和欲望為稀少。(《人性論》，頁494)

對於第二個問題，即，何以我們把美德之觀念連結起公義，而把罪惡與不公義連結起來，休謨認爲需要借助自然美德才可充份說明，如上一節所表明的。在這裏他只提出幾點觀察如後。雖然公義之產生出於利益之考慮，但是，當社會日漸擴展後，社會中人對個別行爲之利益不再那樣敏銳。然而，當我們受到不公義對待時，我們仍然強烈地感受到此中的差別待遇。甚至當這些不公義行爲不是發生在我們身上，諸如發生在一些與我們於時空上相隔很遠的人身上，與我們的利益毫不相干時，我們仍然有不愉快之感， 因爲我們認爲它是對人類社會爲有害的 。 在這個過程中，我們是通過同情共感而參與此中的不安感，此不安感乃使我們判定不公義爲罪惡，而相反的愉悅則使公義被認爲是美德。不但如此，我們甚至把這一規則伸延到自己身上，同樣感受到自已對人不公義在他人身上所產生的情感。這種對公義和不公義的道德感覺，通過政治家和私人的教育，而在每一兒童的心靈與習慣上深植根基，且由於被接受爲與自己名譽攸關的事而更被強化。在總結這一卷時，休謨不忘再次說明：

> 雖然公義是人文的，它的道德性之感却是自然的。人類在一行為之系統下的結合使得公義之行動成為對社會是有益的。但是，一旦它具有這一傾向，我們便自然地贊同它，而如果我們不是如此，則沒有任何的結合或約定可以產生出這一情感來。（《人性論》，頁619-620）

說明了公義的根源與性質之後，休謨乃進而討論財產權的性質。由於財產是建立在公義之上的，因此，休謨認爲財產所表示的一個人與某一對象之關係，不是一自然的，而是一道德的關係（《人性論》，頁 491）。建立了社會之後，我們要進一步確立我們所獲得的佔有物之規則，因爲，成立社會之公義規則過於一般化，不能明確化個人的財產權。在這方面，休謨列舉出五條較具體的判定財物誰屬的規則。第一條是在成立社會之初的：各人繼續享有現時佔有的物品（present possessor）；第二條是第一個佔有者（occupation）取得無主之物之財產權；第三條是長期佔有即取得該物之產權（prescription）；第四條是附屬於佔有物的物品亦歸該物之物主所有（accession）；第五條是親屬的繼承權（succession）。休謨認爲這五條規則都是基於人的想像力，由所關涉之物品與所屬之物主在觀念聯想上最自然的連結而確立的。休謨並不贊同洛克之以勞力（labour）加於自然物上即使該物爲該勞動者所有的說法，因爲很多產權的承認與勞力無關，例如，放牧牛羊之草原；而勞力通常是對一物的改變，休謨認爲這在上述的規則中已被引入。至於產權的轉移，休謨認爲通過自願的同意即可。至於承諾，休謨認爲也是人類的發明，是基於人類社會之需要和利益而產生的，由承諾而使得勞務與財貨的交換和交易成爲可能。由是，佔有物之穩定，財產之同意下之轉移，和承諾之履行，這三條自然之基本法規，也就是人類社會得以建立運作之原理，都得到說明。

依休謨之意，承諾是在社會公義和財產權成立之後，進一步產生的人文的美德。他認爲，首先，在人爲的約定之前，承諾是不可理解的。因爲，承諾不是決意去實行某一事，單是決意並不足以構成任何義務；承諾也不是一種意欲（desire），我們常承諾去做一些我們實不欲做的事情；承諾也不是意決（willing）於該行動，因意決只對現前的行動有影響。因此，在承諾的行動中，心靈的表現是對該義務的意決，而這並沒有任何自然的情緒與之相應的。意志永不創造任何新的情感。因此，那相應一道德行爲而有的情感或動機，它必不是產生該職分之義務感，因爲義務感必預設所履行的職分或義務。因此，休謨認爲承諾不可能在人爲的約定之前有任何道德的力量，並提出這樣的一個挑戰：

> 如果任何人不同意這一點，他必須對這兩個命題提出一正當的證明，卽，有一特殊的心靈行動繫屬於承諾上；而且，隨著這一心靈行動之後，有一不同於義務感的實行該行動的性向出現。我假設這兩點都是不可能被證明的；因而我進而歸結出，承諾是人為的創造，是奠基在社會之需要和利益上的。（《人性論》，頁519）

由於構成社會之公義與關乎財產權的規則，很多都不是當下現前卽可完成的，如財產的轉讓、勞務的互助等，都是由一方先付出，日後才取回相應的回報，因此，乃有承諾的誕生和需求。而承諾之語言乃被制度化成爲一種社會的機制。

> 當一個人說他承諾任何事物時，他實質上是表示實行它之一個決意；而且經由這一種字詞之形式之使用，他同時使自己接受他人的永不信任的懲罰，如果他沒有完成此事。……它們是人類的約定，而這一約定產生一新的動機，當經驗告訴我們，如果有某種符號或記號被制度化，使我們得以給予我們在任何事件中的行動之保障，則人間事情將進行得更遠為互相有利。在這些記號被制度化之後，任何使用它們的人馬上被執行他的允諾之利益所拘限，而如果他拒絕履行他所承諾的事，他不可祈望再受到信任。（《人性論》，頁522）

換言之，休謨認爲承諾是一種人文的美德，是在人類有了約定之後才可能有的一種制度，而且是依於人類對社會的利益而產生的。這一分析對休謨的政府理論有重要的決定性的影響。以下卽進而說明休謨的政府理論。

三、政府之起源與國民之效忠

如上所述，公義是維繫社會所必須的，而人類，甚至原始的人類，也能感受到社會所帶來的利益，人類理應不會違反公義、破壞社會。若如此，則人類將無必要有政府之出現。但是，由於人類常對現前的利益有較強的激情，往往不顧長遠而更鉅大的利益。因此，人類雖然知道公義及社會的鉅大利益，卻仍會爲了眼前的短暫微細的好處而不斷破壞公義與社會。幸而，人類還有另一種表現:

> 當我們考慮任何有一段距離的對象時，它們的一切細微差別都消失了，而我們常喜好那些在其自身為較可取的東西，而不考慮它的情況和環境。這生出了那不很適當地被我們名為「理性」(reason) 的東西，而這是一個原則，它相反於那些在對象接近時呈現它們自己的性向 (propensities)。在反省任何一年後才採取的行動，我常決定採納那有更鉅大好處的行動，不管屆時它是較鄰接或是較疏隔。……而我只受那一般的和可覺的善和惡的性質所影響。(《人性論》，頁536)

這兩種相反的表現，構成人類行爲上的弱點。但也因爲這一弱點，人類找到了對破壞社會和公義的補救，即，安排客觀的機制來防止不公義的行爲出現。由於人性不能改造，我們只可以改變所處的環境，即，使得遵守公義的法則成爲我們最切近的興趣，而它們的違反反而是最疏隔的，使得違反公義將受到即時的懲罰，這樣我們才可以化除社會解體的危險。而公義法則之執行不可能由所有人共同來擔負的。因此，我們把這個任務交付那些對此有直接興趣的少數人，這些就是公民的長官、帝王及他們的部長、統治者等。由於他們與絕大部份的人都沒有特殊的喜好，沒有任何切身的不公義行爲的興趣，而且滿意於目前的狀況，因此，他們有維持社會公義的直接興趣。這就是公民政府和社會的起源。這一安排不但有助公義之執行，而且在有爭議時，這些較無切身利害的政府人員，還可以擔任他們的訟裁者。由是社會中人取得一種安全感，可以享受社會和相互幫助的好處。政府的出現使得一些需要集合相當人力物力的社會工程，如築橋修路、郵務海港等得以展開，進一步促進社會的整體利益。

換言之，休謨認爲政府的產生，是由於人性的需要，即人類要享有社會所帶來的利益，但人類的弱點卻又常破壞社會所賴以維持的公義。因此，政府存在的理據是它能爲人們產生可以共同分享的利益。休謨並依此對當時流行的，以洛克的民約論爲政府起源和理據的政治哲學作出批評。首先，休謨指出，在歷史上，人類社會可以在一段時間內繼續存在，而不必要政府的出現。最原始的政府大抵出於社會之間的爭吵，而戰爭有必要由個別領袖來指揮及作出適當的賞罰，因而使得領導人享有一種權威。休謨指出，人類對這種外部戰爭的憂懼反而不及內部爭吵之易於促使社會之解體。因此，在非戰爭時期也有成立政府的要求。而和平時期的政府乃仿照這種戰爭的領導方式而成立，因而最原始的政府必是一王朝統治。休謨認爲這比較自然地說明人類政府的起源。

對於民約論的說法，休謨簡要地綜述爲這樣的一個政治理論：

> 他們說，所有人都是生而自由和平等的；政府及領導人只能經由同意而被建立起來；在成立政府時，人們的同意強加了一種新的義務在他們身上，而這是不屬於自然法則的。因為，人類只由於他承諾了才受限於對統治者的服從；而如果他們不曾明白地或默認地作出承諾，去保持忠誠，這將永不會是他們的一部份的道德責任。（《人性論》，頁542）

這個理論把政治哲學中四個重要的課題都作出了解答，即，政府之起源、政府之合法性、人民對政府之所以要有忠誠，和人民何時可以對政府或統治者反叛等。這幾點都建立在民約論之「承諾」上。對這個理論，休謨分從兩方面批評。在理據方面，休謨認爲民約論以政府建立在領導人與人民之間的承諾（promise）上爲不適當。依休謨的理論，公義與承諾都是人爲的美德，與其把忠誠建立在承諾上，倒不如把忠誠建立在同爲承諾之基礎之社會利益上，而忠誠之遵守應是作爲政府之確立的一個條件，而不是由承諾而來的一個義務；事實上，兩者的動機都是出於自利的自然要求上。

而在經驗的事例中，休謨一方面指出，現實的統治者在其開始時都不免是由反叛或某些不合法的方式建立起來的。縱使當時統治者與人民有任何承諾，那一代人現在也所餘無幾了。而任何一個公民也不曾在成年後作過或被給予機會去作出自己的承諾。對於所謂「默認的認受」(tacit consent)，休謨認為並無根據，因為這種說法是幻想人民眞可以有自由的選取，而實際上這是不可能有的事，休謨並提出常被引用的一個反諷：

> 當一個貧窮的農夫或技工既不懂得任何外國語言或生活方式，而且每日的生活倚賴所賺的微少的工資，我們可以認真地說他有一自由選擇去離開他的國家嗎？如果這樣，我們也可以說，一個人由於他逗留在船上，他是自由地認受船主的君臨，雖然他是在睡夢中被帶上船的，而且如果他要離開則必須跳進大海及即時毀滅。❶

而事實上，不管統治者或被統治的人民，都沒有這樣的一種承諾的經驗。作為一種自由的選擇，這是任何當事人都不可能不意識到有這樣的經驗的，如果它曾發生過的話。因此，政府不是由人民與統治者的約定而成立，政府以至人民對政府的忠誠都是出於社會利益的自然需求上。

雖然休謨不接受民約論，並不表示他反對民約論所代表的民主思想，反對政府之統治要得到被統治者的認受，或反對人民可

---

❶ 休謨之"Of the Original Contract"，此文收於 Charles W. Hendel 所編之*David Hume's Political Essays* (New York: The Liberal Arts Press, 1953)，頁51。

以叛變。不但如此，休謨甚至反對對獨裁壓逼之被動的服從。他認爲人民對殘暴的政府有叛變或不忠誠的理由，因爲忠誠的義務作爲一種道德的義務是建立在對利益的保護之自然義務之上，因此，休謨認爲：

> 政府只是為了社會的利益而有的一種純然的人為創造。當統治者的獨裁去除了這一利益，它同時也去除了服從之自然的義務。道德的義務是建立在那自然的義務之上的，因而，當該原因消失時，道德的義務也必然消失。（《人性論》，頁552-553）

由是，休謨認爲可以依於人之自然需求，不用那不自然的民約論的方式，而仍可說明對政府的忠誠和這忠誠在獨裁專制之下可以撤消的理由。

至於該由誰統治或忠誠所付託的對象，休謨認爲「利益給出一般的本能，而習慣則給出特定的方向」（《人性論》，頁556），而進一步列舉影響人類在這方面表現的五個原則如下：

(1) 長期佔有：權威被賦予於那曾在一段長時間中擁有權力的個人或家族。

(2) 目前佔有：權威被賦予於在目前擁有權力的人。

(3) 征服：權威被賦予於那成功地征服前一政權的征服者。

(4) 繼承：權威被賦予於前一統治者的兒子。

(5) 成文法：權威被賦予於那由支配此權威的立法議會所

指定的人。❷

這五個原則頗類似上節之財產權的規則。其中成文法之由立法議會來指定政治上的統治者，則明顯是依於當時英國的民主政治的表現而訂立的。這一原則之不同於其他四個原則，是對王權的限制。休謨更明言，政治上最不可容忍的違背憲法的行爲是任一政治權威，尤指王權，侵蝕憲法所賦予的其他政治權力的行爲。休謨認爲人民在此時是有理由進行反抗的。這使得以立法議會爲主體的民主政治成爲不可被篡改，無疑是主張以立法議會爲政治上的眞正而終極的權威，而且也是英國最後走上君主立憲、議會民主的先聲。以上是休謨的社會政治哲學的基本內容。

---

❷ 參考 David Miller 所著之 *Philosophy and Ideology in Hume's Political Thought* (Oxford: Clarendon Press, 1981), 頁86。休謨之論述，原文可參見《人性論》，頁556-563。

第九章　休謨哲學之貢獻與現代意義

休謨的哲學不但在生前不爲同時代的人所理解和接受，而在相當長的年代裏，他的貢獻或只被視爲自洛克、巴克萊以來的經驗主義的極端發展，是古典經驗主義的驥尾，甚或是經驗主義之自證其爲不可行、不可接受的結論；或只是由於對理性及理性主義之批評，而對康德的批判哲學有驚醒和催化的作用。甚至得到了當代語言分析哲學的尊崇，仍只被視爲具有消極的摧毀哲學理論的作用。休謨自己的正面積極的哲學主張或貢獻或被忽視，或被避而不談。但是，觀乎休謨對自己的思想新圖像的狂熱，和《人性論》的副標題和導言的表示，休謨所意想的哲學貢獻顯然不是消極的破而不立、消極的懷疑主義或不可知論而已。他所自擬的哲學貢獻是比擬牛頓在物理學上的成就。這所以休謨對《人性論》抱有極大的祈望，而又失望更大。休謨的失望不是由於反對者的攻擊，而毋寧是對攻擊者之根本不能相應於他的哲學中心論點而立言上。肯普・史密夫可說是《人性論》出版二百年後的第一位解人，對重新理解休謨哲學的積極正面內容的貢獻可說是一大功臣。自此之後，休謨哲學的具體內容才逐漸爲人所正視和理解。到現在，我們大體對休謨哲學的內容有一基本的表述，以下先綜述其哲學之取向所具有的現代哲學發展的可能，再進而就其對理性批判所達至的成果和限制作一論述；最後結以他的道德情感論對中西現代倫理學所可具有的啓示作一評估。至於休謨哲學對當代分析哲學和知識論所具有的啓示與貢獻，已分別在前面章節中作了適當的論述，因此不再予以重複。

一、自然主義之哲學綱領

休謨所取於古典經驗主義的是它的接受牛頓在物理學上的經驗方法，而嘗試用之於人之研究方面。休謨的主要興趣不在知識論的問題上，而是倫理學方面。他的思想新圖像是從道德理論，尤其是當時英國流行的道德情感論，所獲得的基本原理，被意想爲可以應用到包括知識與推理之說明上，正如牛頓的萬有引力定律對物理現象所發揮的作用一樣。因果分析可說是這一發現的一個應用，而這是休謨在奠立自己的哲學系統的最重要發現，而且認爲這是一個無可置疑的論據❶。休謨的取向是回到人類心靈的基本運作上說明人類的一切知情意的活動。而這一切活動，依休謨的發現，主要的動力是人類的激情，而不是理性。在這個基礎上固然使他不得不針對理性主義的理論，不是因爲後者是古典經驗主義的敵對理論，而是因爲後者不切合從經驗所知的人之實際情狀。但是，休謨對經驗主義者的一些理論，如洛克的民約論、公義論等，也同樣由於不合乎人類的自然情狀而加以反對，提出依於人類自然情狀的不同的說明。人類的一切活動與表現均可追尋其基礎於人類的自然情狀，並由以此表明其眞實性質，這就是

---

❶ 參閱 E. C. Mossner 之 *The Life of David Hume*，頁72-80，和 N. Kemp Smith之*The Philosophy of David Hume*，頁3-20。

休謨式的自然主義❷。

休謨的自然主義取向表現爲追溯每個概念或觀念在人類心靈的根源， 這在方法上卽展示爲對有關觀念採取所謂「生起的說明」(genetic explanation)，卽，說明有關的觀念在心靈生起的過程。要達到這個方法的確實效果，休謨採取的策略是先對有關觀念的旣有說明加以摧毀，以顯示有需要提供一眞確的說明。而休謨所摧毀的特別是理性的說明，這主要是因爲這種說明是主流的哲學取向，但卻有頗多含混及形而上學的謬誤在其中。由於人類理性不足以說明有關的觀念之意義或根源，休謨乃可進一步挖掘它在心靈上的產生過程，以顯示它不過是心靈的構造的結果而已。前者卽是所謂的「消極階段」，後者卽「積極階段」。顯然，積極階段的建立才是休謨的哲學中心所在。但是，在哲學的評價上，消極階段代表了一般的邏輯與概念或語言之分析。這是哲學的基本運作的模式，而這也是哲學所最不同於其他學科或方法的地方。而生起的說明一般而言，只有外緣的關係，對有關的觀念之意義通常是不相干的。這正是現代哲學家研究休謨時，對他的積極理論所常有的一種批評， 因而總是略而不詳， 甚或不提。但是，休謨的生起的說明在此卻可以有相應和相干的說明的功能。因爲，理性的說明旣不能提供正確的理解，則有關的觀念只可以由它的生起的方式和因素來加以理解。嚴格來說，所謂理性的說明也就是看其如何從理性或知性生出而已。現在旣已表明它不能自理性或知性而給予說明，則只有從該觀念由其他的心靈運作來說明其意義。因此，這種說明在休謨的哲學構想上是一合理而相應的哲學說明。休謨的特色是剖析一觀念生起時所依據的

❷ 參閱史特勞德之 *Hume*，第十章，頁219-250。

人類心靈所自然而有的需求和運作方式，以說明其眞正的意義。這也就是休謨的自然主義的表現。

但是，休謨的分析卻含有過多的經驗的心理過程成素，而所依據的心理聯想原則卻又是非常含糊的。因此，他的結論看起來不但沒有任何必然性，而且常使人有主觀的想當然的意味。心理反省和分析的粗略無疑是休謨的生起的說明的缺點。這在現代心理學長足發展之後，十八世紀的機能心理學已被揚棄之後，更讓人難以接受了。而更重要的是，休謨的說明遺留了有關觀念在生起的根源上的一個明顯而重要問題，卻沒有明確的交代。例如，對因果的說明，休謨無疑說明了爲什麼我們會把這對「觀念」或概念❸賦予兩個相續相伴隨的觀念或印象，但是卻沒有說明「因」與「果」這對概念從那裏產生！在字裏行間休謨似乎是認爲這些概念是由想像力所虛構出來的。但是，依經驗主義與乎理性主義的傳統，想像力並不是一創造的機能，只能從已經驗到的內容作出一種拼改的運作，不能從無到有地創造出類似「因」「果」之概念。這種概念在休謨的系統中更無法予以說明。因爲，想像力固然無由造出這種觀念，縱使加上觀念聯想的作用，也無從聯想出這種觀念來。再進一步來說，休謨也難以說明何以人類會把一切關於事實方面的印象或觀念都賦以「因」或「果」的身分？休謨的生起的說明極其量只說明了我們如何會把「因果」這一對概念賦予某一對印象或觀念。因此，他的說明完全沒有觸及心靈那裏來這樣的可以用且普遍地用的一對概念，而這顯

❸ 由於休謨對觀念（與印象）有特定的用法，而「因」、「果」作爲心靈的一種活動並不是休謨所意想的觀念或印象，因此，這裏以「概念」一詞名之，以免混淆。

然是生起的說明所應回答的一個最關鍵的問題。休謨在此的不能說明並不只是他的疏忽或可予補救的缺點，因爲，因果以至人格同一性等，這些概念都不是獨立的觀念或印象，也不是後者的一部份內容，都不可能有經驗的根源，因而都不可能依經驗主義或他的觀念理論所可能說明的，這可說是他的觀念理論一個不能容受的問題。

休謨的自然主義的綱領雖然有一定的理論困難，也由於他的觀念理論與機能心理學而有極大的限制，使休謨忽略了人類經驗和心靈運作的複雜性，但是，他的方法與取向卻無疑有積極的哲學意義與貢獻。他的生起的說明可說是積極而正面地檢視了人類的基本概念和信念的本質與根源，對一直以來的誤解作出嚴厲的批判。像所有的大哲學家一樣，休謨讓我們看到傳統思想的盲點，及提供對經驗的一個全新的圖像，進一步推進現代哲學對人類理解能力的分析和了解。他的自然主義的取向使得古典經驗主義之缺點，即，對人類經驗的過分簡化，和對心靈的主動能力之正視不足，明顯地暴露出來。而康德的批判哲學即依此而得以進一步表明心靈的主動能力與乎我們所經驗的是一個怎樣的世界。但休謨的自然主義的取向正好表明我們的知識、道德和美感等價值，都離不開人類的心靈作用，而這正是人文主義的核心所在。不過，在這一方面，康德無疑是更能貫徹這種人文主義的精神，和證立人類所知所感的世界，是與人之主體能力分不開的。

二、理性批判及其限制

在哲學史上，休謨的一個重要貢獻是驚醒了康德的形上的迷夢。但是，一般的想法只是指休謨指出了理性主義的缺點或獨斷而已，即指出經驗爲知識所不可或缺的成份，對於康德的批判哲學並無積極的內容上的貢獻❹。但是，如果只是如此，則能驚醒康德的應不只是休謨，其他的經驗主義者的著作，尤其是洛克，都可以發揮這種功能。而且，康德對休謨的評價卻不只是如此單純，他稱讚休謨爲具有一種「批判的理解」(critical understanding)，而且這正好是他的批評者所沒有的❺。這一方面可說是康德對休謨的哲學表現之獨具慧眼，因爲康德是通過休謨的批評者而接觸到休謨的片段著述的；這同時也顯示康德對休謨應有較深度的理解與借用之處。

在針對理性在形構知識的作用上，休謨的工作無疑是一種批判。他指出知性的作用極爲有限，嘗試論證單就知性的運作，實在不能對有關的知識或概念之產生作出合理的說明。這可說是對知性的一種批判。不但如此，休謨的批判實質上是包括了感性在內，因爲，休謨的起點是印象或觀念，而這正是感性所提供的。換言之，在指出知性不足以說明或形構知識時，休謨已同時指出知性連同感性還是不足以說明人類的一些基本的或最重要的知識，如因果之知識等。在因果的分析中，休謨很明顯表示，除了

---

❹ 甚至肯普・史密夫也不能例外，參閱他的 *A Commentary to Kant's "Critique of Pure Reason"* (London: MacMillan & Co., Ltd, 1962, Second Enlarged Edition)，頁 xxv-xxxii。

❺ 參閱 Lewis White Beck 譯之康德之 *Prolegomena to Any Future Metaphysics* (New York: Liberal Arts Press, 1951)，頁 6，及上引肯普・史密夫之書，頁 xxix 之第一個註文。

知性和感性之外，還需要記憶力和想像力。記憶力的眞實性較想像力爲高，但是它只有重現的能力，不能無中生有，因此，記憶力所能提供的並不多於一印象或觀念所擁有的內容。想像力無疑是成功知識所必需的基本概念的根源地。只是由於休謨把這些源自想像力的概念都視爲於經驗爲無據，因而它們所意指的都是虛幻的，使知識無法確立其眞確性。但是，休謨這一部份的貢獻，即展示知性和感性之不足或限制，無疑是康德所意謂的批判的工作，此可能是康德所謂「批判的理解」一語的實指；只是由於他的觀念理論之預設，休謨未能無先入爲主的偏見而面對人類經驗和心靈運作的性質，而完成批判的工作，即確立人類理性的眞實性質。而康德所有進於休謨之處，也可以說是休謨所未能徹盡批判應有之義的，正是從人類的經驗所包含的必需成素，見出人類理性對人類經驗和所經驗的世界和對象所具有的構造功能。

當然，康德哲學有其獨有的原創性，不可能只是承襲休謨的哲學觀念而已。但是，康德所借自休謨的也不會只是消極的警醒而已。從休謨的分析內容，及反省這些內容與康德哲學的平行表現，我們才可說爲較眞確地理解兩者的哲學關係。由休謨之追溯到想像力在形構知識的作用，則不難理解在康德的批判哲學中，想像力的地位之重要了。無論是「三重綜和」中之「在想像中重現之綜和」，以至超越想像力在「超越推述」(transcendental deduction) 之作用，想像力以至記憶之重要，可說是不言而喻的。因此，在康德以想像力爲中心的批判哲學中，很難不說其中有休謨的影響或提示在內。當然，康德不但把有關的基本概念，即所謂範疇，視爲是知性所自發提出的，即先驗地提出的概念，作爲知識判斷之規則；而且康德把想像力提升爲原創性的超越的機能，即不只是一只能依於經驗來運作，或所謂後驗的功能，而是具有自發的卽創造的功能，這自是康德的慧識。同時，康德之把這些概念歸於知性而非想像力，也可以說是比較正確的。但是，這仍然不能掩蓋基本上可說是休謨對想像力的分析結果之延續、糾正和發展。

休謨哲學的例子可說是在一個基本前題下的批判的努力。他的前題是他的觀念理論，他之以經驗只不過是印象所包含的一切，而且印象也只是心靈的一被動的知覺，有眞實性的觀念也只能是印象的影子等，這使得休謨看不到經驗的豐富內容，與乎人類心靈對所認知的世界爲可具有合法的貢獻的。換言之，休謨的批判也是一種理性之批判，只是未能徹盡其義。一旦解除他的觀念理論的限制，則可以打開批判的廣大領域，而充盡他的自然主義的綱領。康德顯然是這個方向的一個發展。但是，從休謨反觀康德，則康德也不能免於一些休謨方面可說更爲符合人類自然情狀的表現，在道德情感的理解上，卽是一例。

三、道德情感論之現代意義

休謨的自然主義的另一個表現，或說是最重要的表現，是在倫理學上的道德情感論。然而，這個理論不說被繼承，甚至被述及的也不多。這個理論固然沒有爲康德所繼承，反而是康德的以實踐理性爲中心的自律道德的理論所批判的。至於後之功利主義（utilitarianism）並不能算是休謨的繼承理論。因爲，雖然休謨認爲人對有自身利益有特殊的愛好，但功利主義無所取於道德情感，也不以個人之利益爲基礎，而毋寧是以所有人的最大利益爲主。至於現代的後設倫理學中的「情緒主義」(emotivism)則只是表面的襲取，完全忽視休謨所意指的道德價值根源問題。但是，休謨依其自然主義的方式所建立的道德理論，縱使不可能無缺失，卻也不會離人之自然情狀太遠，以致毫無價值，或毫無現代意義可言。它的闇然不明，是後人對休謨這一部份工作之理解和興趣不足所致。

嚴格來說，休謨以道德之根源爲在道德情感，乃是對人類道德行爲的一個洞見。這種情感不是別的，而是對人類行爲的一種愉悅或厭惡之情感，即痛苦或快樂的感受。這是人類心靈對人類，以至其他存有的一種自然反應。表達而爲贊許或不贊許的言詞或行動，只是這種情感的一種表達而已，並不是人類對道德行爲的唯一或全部的反應，甚至不是根本的反應，而只是那自然的道德情感的一個附隨的產物而已。如果人類沒有了這種情感之反應，則人類不會有所謂道德的表達或判斷之可言。誠然，這是訴諸於人類心靈之特殊情狀，但卻不必有康德之以爲缺乏普遍性之憂。因爲，道德固然如人類的知識一樣，不可能離開人類心靈的表現而言；同時，人類的這種情感卻不必是反理性和缺乏超乎人類特殊興趣之普遍性的。因爲，一方面，如果我們的道德判斷是有普遍性或絕對普遍性的，則不管它出自何處，它所出自的必是可發出如此之判斷之機能；另一方面，人類的道德情感也不是純然以自身利益或人類族羣利益爲主，而常是站在一切人，以至一切生命的立場而發布其反應。休謨在同情共感方面的觀察實可證立人類所特有的道德感實具有遍及一切人和一切生命的普遍性，惜乎休謨並未有依此而徹盡心靈與道德情感，即良心之全部意義。換言之，休謨所說的道德情感，基本上只是對生命的苦樂的反應，並不專爲個人的利益服務，也不只爲人類的利益而服務。康德把道德提升到實踐理性的層次上，固然闡發了道德判斷的理性性與普遍性，但是，卻無從說明人類道德行爲的行動性。行爲之道德價值之根據與行爲實現的動力完全分開，顯然不能貼切於人類在感受道德時即同時有實現之之動力，或兩者實爲同時生起的心靈反應，以至實爲一物之兩面而已。在此，中國儒家之本心，良知即天理之說，正可以是符同休謨之以道德情感爲根據，而又不失此情感之普遍性，即其理性性。因爲，仁者必與天地萬物爲一體，良知天理必不以專屬個體以至人類種族之利益爲依歸。道德情感之愉悅或厭惡即是一道德判斷之標準，它即是使道德行爲實現的動力。這是休謨對道德行爲較康德爲切近人之自然的心靈表現的情狀。

休謨對道德行爲的分析還不止於提出其爲一種情感而已，而且認爲人類在這方面的具體表現爲：對自己利益有首出的喜好，和對其他人有有限的仁愛，尤其是對自己較親近的人，如子女、父母、夫婦、朋友等。休謨的觀察無疑是細微而眞確的。但是，一方面他把人之具體情狀，即道德能力之施與或實現之表現，與此價值之普遍意義混淆起來，此可以招致康德之合理批評爲有個人以至族羣之偏差；而且，另一方面，休謨沒有明確突顯出這種情感最基本的取向是生命之受傷害的問題。這種情感之由近及遠，也是儒家的一個洞見。但儒家並不以爲這種情感對他人只有有限的仁愛，而只視爲是人類在推擴的過程中的一種自然的表現。休謨的解說是以人類心靈爲較易受眼前而當下的印象或利益所影響，而有的一種反應。但是，當休謨把這種人類感受力的自近而遠視爲道德情感的本質，他無疑是錯失了道德情感的普遍性和普遍意義。然而，休謨之依道德判斷爲人類道德情感之表現這一慧識，去說明道德價値實根於人性，實見出道德爲人類之自律要求，見出道德情感爲人類行爲之自我立法，及要求實現道德行爲之動力根源。在這個意義下，可見休謨的道德情感論與儒家實爲相近，亦必以儒家之理論爲依歸，方足以徹盡他的自然主義的取向。在休謨的自然主義的方向下所得出的成果中，道德方面的觀察和分析，可說是最切近人之自然情狀之實況，但是，他的這一部份的哲學貢獻卻正是西方倫理學所完全沒有繼承的。除了康德之理論外，西方英美的倫理學以功利主義爲主，都是走客觀外在的路數，而沒有回到休謨之直探人類心靈之道德根源，而無法安頓道德之普遍而定然之義，終必流於相對主義，也無法安頓心靈之道德要求，要求道德旣出自主體，又具普遍性，而不容人之私意於其間這一要求。至於情緒主義則更無足論矣。

休謨年表

一七一一年

四月二十六日生於蘇格蘭愛丁堡 (Edinburgh) 。

一七一三年

不足三歲，父親逝世。

一七二三年

休謨還不滿十二歲，與兄長同被送到愛丁堡大學讀書，主修文科，修讀了諸如希臘文、邏輯、形上學、自然哲學（即今之物理學）等科目。休謨大抵是在這個時候對牛頓物理學有所認識。他們在三年之後才離開愛丁堡大學，但並沒有領取學位。

一七二四至二七年

休謨採用當時相當流行的方式，自己研習法律，但已深受哲學吸引，大量而專注地閱讀古典的文學和哲學作品。

一七二九年

休謨十八歲，產生一「思想的新圖像」，這個新圖像就是日後《人性論》(*A Treatise of Human Nature*) 一書的思想。

一七二九至三二年

休謨全力研讀和構想這個新圖像的系統。由於過度用功和這一新發現的刺激，引致精神和身體都生病，休養了約二年才漸漸復原，使他從一高瘦的青年變成一肥胖健康的人。

一七三四年

休謨到布里斯托 (Bristol) 一家商行工作， 但不到四個月就覺得不能忍受這種商業生活而離開，轉而尋找一個可以安心寫作的地方，把心中的那一幅新圖像寫下來。休謨是在這段期間正式把姓氏依其讀音確定爲Hume。

離開布里斯托後， 休謨先到巴黎停留了一會， 先在里岩斯 (Rheims) 居住了一年， 然後轉到安素 (Anjou) 之拉法雪 (La Fleche) 住了兩年。

一七三七年秋

休謨完成了《人性論》的大部份，乃回倫敦尋求出版。

一七三九年

《人性論》第一卷和第二卷以匿名印出。

一七四〇年

年底，《人性論》第三卷由另一家出版社印出。思想界對此書的反應非常冷淡，休謨自謂「它一出版就死亡，甚至沒有在狂熱份子之間引起一點竊竊私語」。

同年，休謨以匿名方式寫了一本引介的小册，名爲《一部新近出版名爲「人性論」一書之撮要：在這裏，此書之主要論據被進一步解釋與說明》。但是， 這一小册子顯然也不成功，並未能促進《人性論》的銷路或消除對它的誤解，而第一版所印的一千本在休謨生前都沒有賣完。

一七四一至四二年

兩卷的《道德與政治論文集》(*Essays, Moral and Political*) 出版，相當受歡迎。

一七四四至四五年

應徵愛丁堡大學之倫理學及精神哲學教授之職位，由於宗教理由而不成功。休謨曾以匿名的方式出版了一小册子《一位紳士寫給他那在愛丁堡的朋友的一封信》(*A Letter from a Gentleman to His Friend in Edinburgh*)，說明自己的思想並非如那些反對者所說的爲在宗教上和道德上有害的。

一七四五年

休謨受聘爲安倫第爾侯爵（Marquis of Annandale）之家庭教師，年薪三百英鎊，開始改寫《人性論》第一卷的工作。

一七四六年

休謨突然地被辭退。同年，休謨被一位遠房親戚聖克萊爾(St. Clair) 將軍邀請擔任秘書的職位。這位將軍原定率兵遠赴加拿大對抗法國人的，卻由於風向不佳，未能啓程，而在數月後突被派往法國的布列坦尼 (Brittany) 海岸作戰，結果功敗垂成而回。

一七四七年

休謨再隨聖克萊爾出使維也納爲副官。

一七四八年

休謨改寫了的《人性論》第一卷出版，此書原名《人類理解之哲學論文》(*Philosophical Essays Concerning Human Understanding*)，後來爲了與第三卷的改寫本一致起見，而改爲現在的書名《人類理解研究》(*An Enquiry Concerning Human Understanding*)。

同年，休謨第一次以眞實姓名發表出版了《道德與政治：三篇論文》(*Three Essays, Moral and Political*) 和再版了《道德與政治論文集》。

一七四九年

休謨回到尼衞斯，著手改寫《人性論》第三卷爲《道德原理研究》(*Enquiry Concerning the Principles of Morals*)。

一七五一年

《道德原理研究》(*Enquiry Concerning the Principles of Morals*) 出版。

同年，休謨的哥哥完婚，休謨與姊姊遷到愛丁堡居住，社交生活相當活躍。

一七五二年

《政論》(*Political Discourse*) 出版。這部書廣受歡迎，使休謨欣稱爲是第一本出版即成功的著作。這時宗教界每年都有數篇文章攻擊休謨和他的哲學，但他堅決採取不對任何人回應的態度。

同年，他希望得到的格拉斯高大學的邏輯教席，終又因宗教的反對者反對而失敗。後受聘爲愛丁堡律師公會圖書館管理員，著手撰寫著名的六卷《英格蘭史》(*History of England*)。

一七五四年

出版《英格蘭史》第一卷，此書到一七六二年全部完成，前後共歷時八年。

同年，休謨認爲律師公會代理人以不正當的理由否決了他所訂購的三部書，包括拉芳亭之《童話集》，因而拒絕領取薪金。但他到一七五七年才正式辭職，並同意把薪金轉給他的朋友，一位盲眼詩人布拉洛 (Blacklock)。

一七五七年

出版《四篇論文》(*Four Dissertations*)。

一七六三年

接受赫福特侯爵 (Earl of Hertford) 之邀請，出使巴黎爲其私人秘書。

休謨在巴黎的社交中非常成功，極受王孫淑女們所膜拜，且被視爲哲學界的先驅，與百科全書派之狄德羅 (Diderot)、達冷柏、霍爾巴哈等交往融洽。

一七六五年

赫福特侯爵奉調回國，在繼任大使抵達前，休謨暫代了幾個月大使之職，被認爲非常之能幹與稱職。

一七六六年

返回英國，同時把當時受迫害不能在巴黎立足的哲學家盧梭 (Jean-Jacques Rousseau) 也帶到英國。不久盧梭即疑心休謨涉嫌參與法國哲學界對他的迫害，因而反目。休謨經表明而得不到接納後，乃把事情始末告知達冷柏。達冷柏把有關書信及休謨的表白一同印出。其後盧梭離開英國返回巴黎，結束了兩位哲學家的交往。

一七六七年

休謨又因赫福特侯爵之兄弟政務大臣康威將軍 (General Conway) 之邀請，出任北部諸省的政務次官。

一七六九年

休謨回到愛丁堡，在一條街道上造了一幢房子，並在此居住至去世為止。這條路後來定名為聖大衞街以紀念這位哲人。

一七七五年

休謨患上腹痛，體力日衰。

一七七六年八月二十五日

休謨逝世。

在逝世前四個月，休謨寫了一篇數頁長的自傳《我的一生》(*My Own Life*)，簡述自己一生的經歷。

一七七九年

休謨寫作了近二十年而由於怕引起爭議而未印出的《關於自然宗教之對話錄》，由他的侄兒代為出版。

一八七五年

休謨的《遺稿》印出， 內有〈關於自殺〉和〈關於靈魂不滅〉兩文。

參 考 書 目

一、休謨原著／Hume's Work

A Treatise of Human Nature, ed. L. A. Selby-Bigge (originally Published 1881), Oxford University Press, Oxford, 1958.

An Abstract of A Treatise of Human Nature, ed. J. M. Keynes and P. Sraffa, Cambridge University Press, Cambridge, 1938.

Enquiries Concerning the Human Understanding and Concerning the Principles of Morals, ed. L. A. Selby-Bigge, Oxford University Press, Oxford, 1962.

An Inquiry Concerning Human Understanding, ed. Charles W. Hendel, Bobbs-Merrill, Indianapolis, 1955.

An Inquiry Concerning the Principles of Morals, ed. Charles W. Hendel, Bobbs-Merrill, Indianapolis, 1957.

The Natural History of Religion, ed. H. E. Root, Stanford University Press, Stanford, 1967.

Hume: Dialogues Concerning Natural Religion, ed. Nelson Pike, Bobbs-Merrill, Indianapolis, 1970.

A Letter from a Gentleman to His Friend in Edin-

burgh, ed. E. C. Mossner and J. V. Price, Edinburgh University Press, Edinburgh, 1967.

The History of England from the Invasion of Julius Caesar to the Abdication of James the Second, Frederick Warne & Co., London, 1884.

The Letters of David Hume, 2 vols., ed. J. Y. T. Grieg, Oxford University Press, Oxford, 1969.

New Letters of David Hume, ed. R. Klibansky and E. C. Mossner, Oxford University Press, Oxford, 1969.

The Philosophical Works of David Hume, 4 vols., Adam Black and William Tait, Edinburgh, 1826.

The Philosophical Works of David Hume, ed. T. H. Green and T. H. Grose, 4 vols., Longmans, Green and Company, London, 1898.

David Hume's Political Essays, ed. Charles W. Hendel, The Liberal Arts Press, New York, 1953.

Hume's Moral and Political Philosophy, ed. Henry D. Aiken, Hafner Publishing Co., New York, 1948.

Writings on Economics, ed. Eugene Rotwein, University of Wisconsin Press, Madison, Wisconsin, 1970.

《人類理解研究》，關文運譯。商務印書館，北京，1957年。

《自然宗教對話錄》，陳修齋、曹棉之譯，鄭之驤校。商務印書館，北京，1989年。

《休謨經濟論文選》，陳瑋譯。商務印書館，北京，1984年。

《人性的高貴與卑劣 —— 休謨散文集》，楊適等譯。上海三聯書店，上海，1988年。

二、關於休謨之著作／Works on Hume

Ardal, P. S. *Passion and Value in Hume's Treatise.* Edinburgh University Press, Edinburgh, 1966.

Atkinson, R. F. "Hume on 'is' and 'ought': A Reply to Mr. Macintyre", in Chappell (1966).

Ayer, A. J. *Hume.* Oxford University Press, Oxford, 1979.

Brownsey, P. F. "Hume and the Social Contract", *Philosophical Quarterly,* xxviii (1978), pp.132-148.

Chappell, V. C. (ed.) *Hume.* Doubleday, New York, 1966.

Flew, A. *Hume's Philosophy of Belief.* Routledge & Kegan Paul, London, 1961.

Foot, Philippa. "Hume on Moral Judgement", in Pears (1963).

Forbes, D. *Hume: Bicentenary Papers.* Edinburgh University Press, Edinburgh, 1977.

Gewirth, Alan. "The 'is-ought' Problem Resolved", in his *Human Rights.* University of Chicago Press, Chicago, 1982.

Hall, Roland. *A Hume Bibliography from 1930.* University of York, York, 1971.

Harrison, Jonathan. *Hume's Moral Epistemology.*

Oxford University Press, Oxford, 1976.

_____, *Hume's Theory of Justice.* Oxford University Press, Oxford, 1981.

Hayek, F. A. "The Legal and Political Philosophy of David Hume", in Chappell (1966).

Hendel, Charles W. *Studies in the Philosophy of David Hume.* Bobbs-Merrill, Indianapolis, 1963.

Hudson, W. D. "Hume on is and ought", in Chappell (1966).

Livingston, D. W. and King, J. T. (ed.) *Hume: A Re-evaluation.* Fordham University Press, New York, 1976.

Macintyre, A. C. "Hume on 'is' and 'ought'", in Chappell (1966).

Mackie, J. L. *Hume's Moral Theory.* Routledge & Kegan Paul, London, 1980.

Macnabb, D. G. C. *David Hume: His Theory of Knowledge and Morality,* Blackwell, Oxford, 1966.

Miller, David. *Hume's Political Thought.* Oxford University Press, Oxford, 1981.

_____, "Hume and Possessive Individualism", *History of Political Thought,* i (1980), pp.261-278.

Moore, J. "Hume's Theory of Justice and Property", *Political Studies,* xxiv (1976), pp.103-119.

Morice, G. P. (ed.) *David Hume: Bicentenary Papers.*

Edinburgh University Press, Edinburgh, 1977.

Mossner, E. C. *The Life of David Hume*. Oxford University Press, Oxford, 1970.

Murphy, J. G. "Hume and Kant on the Social Contract", *Philosophical Studies,* xxxiii (1978), pp.65-79.

Noxon, James. *Hume's Philosophical Development*. Oxford University Press, Oxford, 1973.

Passmore, J. A. *Hume's Intentions*. Cambridge University Press, Cambridge, 1952.

Pears, David. (ed.) *David Hume: A Symposium*. Macmillan, London, 1963.

_____, "Hume on Personal Identity", in Pears (1963).

_____, "Hume's Empiricism and Modern Empiricism", in Pears (1963).

Penelhum, Terence. "Hume on Personal Identity", in Chappell (1966).

Popkin, Richard H. "David Hume: His Pyrrhonism and his Critique of Pyrrhonism", in Chappell (1966).

Price, H. H. *Hume's Theory of the External World*. Oxford University Press, Oxford, 1963.

Richards, Thomas J. "Hume's Two Definitions of 'Cause'", in Chappell (1966).

Robinson, J. A. "Hume's Two Definitions of 'Cause'", in Chappell (1966).

_____, "Hume's Two Definitions of 'Cause' Reconsidered", in Chappell (1966).

Smith, Norman Kemp. *The Philosophy of David Hume.* MacMillan, London, 1949.

Stove, D. C. *Probability and Hume's Inductive Scepticism.* Oxford University Press, Oxford, 1973.

______, "Hume, Probability, and Induction", in Chappell (1966).

Stroud, B. *Hume.* Routledge & Kegan Paul, London, 1977.

Wilbanks, J. *Hume's Theory of Imagination.* The Hague, Nijhoff, 1968.

Wolff, Robert Paul. "Hume's Theory of Mental Activity", in Chappell (1966).

人 名 索 引

A

B

C

D

F

G

H

K

S

V

W

名 詞 索 引

二 劃

四 劃

五　　劃

六　　劃

七 劃

八 劃

九 劃

十 劃

十一劃

十 二 劃

十 三 劃

十 四 劃

十 五 劃

十 六 劃

十八劃

十九劃

二十一劃

二十三劃

二十四劃

二十五劃

世界哲學家叢書(八)

書名	作者	出版狀況
諾錫克	石元康	撰稿中
羅蒂	范進	撰稿中
馬克弗森	許國賢	排印中
希克	劉若韶	撰稿中
尼布爾	卓新平	已出版
馬丁・布伯	張賢勇	撰稿中
蒂里希	何光滬	撰稿中
德日進	陳澤民	撰稿中
明謌斐爾	卓新平	撰稿中

世界哲學家叢書㈦

書名	作者	出版狀況
克羅齊	劉綱紀	撰稿中
布拉德雷	張家龍	撰稿中
懷德黑	陳奎德	撰稿中
玻爾	戈革	已出版
卡納普	林正弘	撰稿中
卡爾巴柏	莊文瑞	撰稿中
柯靈烏	陳明福	撰稿中
穆爾	楊樹同	撰稿中
弗雷格	趙汀陽	撰稿中
維根斯坦	范光棣	撰稿中
愛耶爾	張家龍	撰稿中
賴爾	劉建榮	撰稿中
奧斯丁	劉福增	已出版
史陶生	謝仲明	撰稿中
赫爾	馮耀明	撰稿中
帕爾費特	戴華	撰稿中
魯一士	黃秀璣	排印中
珀爾斯	朱建民	撰稿中
詹姆斯	朱建民	撰稿中
杜威	李常井	撰稿中
奎英	成中英	撰稿中
帕特南	張尚水	撰稿中
庫恩	吳以義	撰稿中
拉卡托斯	胡新和	撰稿中
洛爾斯	石元康	已出版

世界哲學家叢書(六)

書名	作者	出版狀況
布倫坦諾	李河	撰稿中
韋伯	陳忠信	撰稿中
卡西勒	江日新	撰稿中
雅斯培	黃藿	已出版
弗洛依德	陳小文	撰稿中
胡塞爾	蔡美麗	已出版
馬克斯・謝勒	江日新	已出版
海德格	項退結	已出版
高達美	張思明	撰稿中
漢娜鄂蘭	蔡英文	撰稿中
盧卡契	謝勝義	撰稿中
阿多爾諾	章國鋒	撰稿中
馬爾庫斯	鄭湧	撰稿中
弗洛姆	姚介厚	撰稿中
哈伯馬斯	李英明	已出版
柏格森	尚新建	撰稿中
皮亞杰	杜麗燕	撰稿中
馬利丹	楊世雄	撰稿中
馬賽爾	陸達誠	已出版
梅露・彭廸	岑溢成	撰稿中
阿爾都塞	徐崇溫	撰稿中
列維納	葉秀山	撰稿中
德希達	張正平	撰稿中
呂格爾	沈清松	撰稿中
富科	于奇智	撰稿中

世界哲學家叢書(五)

書名	作者	出版狀況
蒙田	郭宏安	撰稿中
斯賓諾莎	洪漢鼎	已出版
萊布尼茲	陳修齋	撰稿中
培根	余麗嫦	撰稿中
霍布斯	余麗嫦	撰稿中
洛克	謝啓武	撰稿中
巴克萊	蔡信安	已出版
休謨	李瑞全	已出版
托馬斯・銳德	倪培林	撰稿中
伏爾泰	李鳳鳴	撰稿中
孟德斯鳩	侯鴻勳	排印中
盧梭	江金太	撰稿中
帕斯卡	吳國盛	撰稿中
康德	關子尹	撰稿中
費希特	洪漢鼎	撰稿中
黑格爾	徐文瑞	撰稿中
叔本華	劉東	撰稿中
祁克果	陳俊輝	已出版
彭加勒	李醒民	撰稿中
費爾巴哈	周文彬	撰稿中
恩格斯	金隆德	撰稿中
馬克思	洪鎌德	撰稿中
約翰彌爾	張明貴	已出版
狄爾泰	張旺山	已出版
史賓格勒	商戈令	已出版

世界哲學家叢書㈣

書名	作者	出版狀況
伊藤仁齋	田原剛	撰稿中
山鹿素行	劉梅琴	已出版
山崎闇齋	岡田武彦	已出版
三宅尙齋	海老田輝巳	排印中
中江藤樹	木村光德	撰稿中
貝原益軒	岡田武彦	已出版
荻生徂徠	劉梅琴	撰稿中
安藤昌益	王守華	撰稿中
富永仲基	陶德民	撰稿中
石田梅岩	李甦平	撰稿中
楠本端山	岡田武彦	已出版
吉田松陰	山口宗之	已出版
福澤諭吉	卞崇道	撰稿中
岡倉天心	魏常海	撰稿中
中江兆民	華小輝	撰稿中
西田幾多郎	廖仁義	撰稿中
和辻哲郎	王中田	撰稿中
三木清	卞崇道	撰稿中
柳田謙十郎	趙乃章	撰稿中
柏拉圖	傅佩榮	撰稿中
亞里斯多德	曾仰如	已出版
聖奥古斯丁	黃維潤	撰稿中
伊本・赫勒敦	馬小鶴	已出版
聖多瑪斯	黃美貞	撰稿中
笛卡兒	孫振青	已出版

世界哲學家叢書㈢

書名	作者	出版狀況
智旭	熊琬	撰稿中
章太炎	姜義華	已出版
熊十力	景海峰	已出版
梁漱溟	王宗昱	已出版
金岳霖	胡軍	已出版
張東蓀	胡偉希	撰稿中
馮友蘭	殷鼎	已出版
唐君毅	劉國強	撰稿中
賀麟	張學智	已出版
龍樹	萬金川	撰稿中
無著	林鎮國	撰稿中
世親	釋依昱	撰稿中
商羯羅	黃心川	撰稿中
維韋卡南達	馬小鶴	撰稿中
泰戈爾	宮靜	已出版
奧羅賓多・高士	朱明忠	撰稿中
甘地	馬小鶴	排印中
拉達克里希南	宮靜	撰稿中
元曉	李箕永	撰稿中
休靜	金鎂泰	撰稿中
知訥	韓基斗	撰稿中
李栗谷	宋錫球	排印中
李退溪	尹絲淳	撰稿中
空海	魏常海	撰稿中
道元	傅偉勳	撰稿中

世界哲學家叢書(二)

書名	作者	出版狀況
朱舜水	李甦平	排印中
王船山	張立文	撰稿中
眞德秀	朱榮貴	撰稿中
劉蕺山	張永儁	撰稿中
黃宗羲	盧建榮	撰稿中
顧炎武	葛榮晉	撰稿中
顏元	楊慧傑	撰稿中
戴震	張立文	已出版
竺道生	陳沛然	已出版
眞諦	孫富支	撰稿中
慧遠	區結成	已出版
僧肇	李潤生	已出版
智顗	霍韜晦	撰稿中
吉藏	楊惠南	已出版
玄奘	馬少雄	撰稿中
法藏	方立天	已出版
惠能	楊惠南	已出版
澄觀	方立天	撰稿中
宗密	冉雲華	已出版
永明延壽	冉雲華	撰稿中
湛然	賴永海	已出版
知禮	釋慧嶽	排印中
大慧宗杲	林義正	撰稿中
袾宏	于君方	撰稿中
憨山德清	江燦騰	撰稿中

世界哲學家叢書(一)

書名	作者	出版狀況
孟子	黃俊傑	已出版
老子	劉笑敢	撰稿中
莊子	吳光明	已出版
墨子	王讚源	撰稿中
淮南子	李增	已出版
賈誼	沈秋雄	撰稿中
董仲舒	韋政通	已出版
揚雄	陳福濱	已出版
王充	林麗雪	已出版
王弼	林麗真	已出版
嵇康	莊萬壽	撰稿中
劉勰	劉綱紀	已出版
周敦頤	陳郁夫	已出版
邵雍	趙玲玲	撰稿中
張載	黃秀璣	已出版
李覯	謝善元	已出版
王安石	王明蓀	撰稿中
程顥、程頤	李日章	已出版
朱熹	陳榮捷	已出版
陸象山	曾春海	已出版
陳白沙	姜允明	撰稿中
王廷相	葛榮晉	已出版
王陽明	秦家懿	已出版
李卓吾	劉季倫	撰稿中
方以智	劉君燦	已出版